정의와 공정 1

키워드 한국 공론장

NANAM
나남출판

정의와 공정 1

키워드 한국 공론장

2024년 5월 30일 발행
2024년 5월 30일 1쇄

지은이 목광수 · 신경아 · 이병훈 · 설동훈 · 조문영
편찬 한림대학교 도헌학술원 R&D 기획단
기획 한림대학교 도헌학술원 키워드 한국 공론장 기획팀
발행자 조완희
발행처 나남출판사
주소 10881 경기도 파주시 회동길 193, 4층 (문발동)
전화 (031) 955-4601 (代)
FAX (031) 955-4555
등록 제 406-2020-000055호 (2020. 5. 15)
홈페이지 http://www.nanam.net
전자우편 post@nanam.net

ISBN 979-11-92275-19-2
ISBN 979-11-971279-4-6(세트)

책값은 뒤표지에 있습니다.

한림대
도헌학술총서
03

정의와 공정 1

키워드 한국 공론장

목광수 · 신경아 · 이병훈 · 설동훈 · 조문영 지음

NANAM
나남출판

Justice and Fairness 1

Keywords of the Public Sphere in Korea

by

Mok Kwang-Su, Shin Kyung-Ah, Lee Byoung-Hoon,
Seol Dong-Hoon, Cho Mun-Young

NANAM

서문

‘키워드 한국 공론장’을 시작한 2023년은 관동대지진 100년이 되는 해이기도 하다. 관동대지진은 한 나라의 수도를 직격한 진도 7.9의 엄청난 천재지변이었다. 악성 유언비어, 즉 오늘날의 가짜 뉴스가 유포되며 조선인들이 학살당한 끔찍한 인재人災도 낳았다. ‘적대자’인 조선인을 가려내는 방법은 일본어를 시키는 것이었다. 숫자를 세어 보게 하고 발음이 시원치 않으면 끌어냈다. 오키나와인, 대만인 등도 당했고, 사투리가 심한 변두리 출신 일본 본토인마저 희생되었다. 소통을 위한 도구인 말이, 배제와 살생의 도구가 되었다.

100년이 지난 지금도 세상은 크게 달라지지 않았다. 한편으로는 추도는커녕 엄연히 벌어진 역사적 사실조차 아직도 인정 않는 일이 되풀이되고, 다른 한편으로는 새롭게 벌어진 갈등 현장에서 말이 또다시 올가미로 작용한다. 'palyanitsya'라는 우크라이나 가정에서 구워 먹는 빵을 뜻하는 단어가 그렇게 활용되었다. 전쟁이 터진 후 우크라이나에서는 러시아 공작원을 색출하기 위해 이 단어를 발음하게 했다. 'palyanitsya'에서 용의자는 대개 어미 부분을 다르게 발음하여 정체가 탄로 났다.

세상은 달라지지 않은 정도가 아니라 더 나빠진 것 같다. 나라와 민족과 언어가 다른 것도 아닌데, 분열과 대립이 격화된다. 같은 언어를 쓰는데도 말이 안 통한다. 2020년 11월에 치러진 미국 대선 결과에 불복한 군중은 2021년 1월, 의사당에 난입하여 무력 점거했다. 사상자마저 나온 폭동이었고, '민주주의의 상징'이던 미국은 '민주주의 추락의 상징'이 되었다. 세계를 하나로 묶는 쌍방향 소통의 장으로 기대되었던 인터넷과 각종 온라인 소통 수단은, 21세기 이후 상생과 공존의 장이 아니라 알고리즘을 통한 유유상종과 양극화, 확증 편향 강화의 통로로 더 기능하는 듯하다. 미국은 민주주의 19개국 중 정치적 양극화와 갈등 정도가 두 번째로 강한 나라가 되었다.[1]

이를 넘어서는 1위가 우리나라다. 거의 모든 사안이 '정치화'하여 해석되고, 자극적 문구의 섬네일로 장식한 정치 영상이 유

---

1 2022년 Pew Reseach Center 조사.

튜브에 차고 넘친다. '사이다' 발언을 넘어 온갖 허언과 조작으로 조회 수를 올린다. 정치 채널들은 심심치 않게 국내 슈퍼챗 순위 1위를 기록한다. "총만 안 들었다 뿐, 내전에 가까운 적의가 우리 사회를 뒤덮고 있다"(정치학자 박상훈).[2] 매일같이 우리는 '합리적 의사소통'의 가능성이 아니라, 불가능성을 경험하며 낙담한다.

하지만 체념하기에는 아직 이르다. 같은 언어를 써도 소통이 아니라 불통이 되고, 이해가 아니라 오해가 되는 것은 인생 세간의 오랜 고질병이기도 하기 때문이다. 그런 만큼 또 치유의 해법도 없지는 않을 것이다.

> 자로가 공자에게 "위나라 임금이 선생님을 모시고 정치를 하게 된다면 선생님은 무슨 일을 먼저 하시겠습니까?"라고 물었다. 공자가 대답했다. "그렇다면 반드시 명실名實을 바로잡겠네."
>
> -《논어》, 〈자로〉 편 3장

옛 성현의 말씀에 힘입어, 말이 쉽게 통하지 않는다 해도 공론의 기초가 될 핵심 키워드에 대한 이해의 기반을 넓히고, 공론장을 꾸준히 활성화하는 것, 이것이 우리의 목적이다. 잠시 강연 기획의 취지문을 옮겨 본다.

---

2 이봉현(2023. 9. 14), "〔아침햇발〕 나라는 어떻게 '거덜'이 나는가?", 〈한겨레〉.

우리는 언론 사상 표현의 자유를 누리는 민주화된 세상에 살고 있습니다. 다양한 생각과 주장들이 만발하는 다원화된 세상이기도 합니다. 차이와 갈등이 존재하는 것은 지극히 자연스런 일입니다.

그러나 그 정도가 지나쳐 대립과 적대로 갈 때 사회는 위기에 빠집니다. 위기를 해결할 말(언어) 조차 편의적으로 쓰거나 오남용할 때 혼란은 더욱 가중됩니다.

도헌학술원에서는 몇 년 동안 공론장을 달군 중요한 개념 10개를 선정하여 그 본래의 의미와 역사적 변화, 그리고 최근 한국 사회에서의 활용 방식 등을 따져 보고, 내실 있는 의사소통의 발판을 마련하고자 '키워드 한국 공론장'을 기획했습니다. 주제별로 전문가분들을 모시고, 학문적 개념 정리를 기초로 한 대중적 강연의 한마당을 열고자 합니다. 뜻있는 분들의 많은 관심과 참여를 부탁드립니다.

위와 같은 취지로 2023년 상반기와 하반기에 걸쳐 10번의 강연을 준비했다. 2023년 기획의 대주제에 해당하는 '정의와 공정'을 개별 주제에 앞서 공론장의 초석을 다지고자 맨 앞에 배치했다. 개별 주제들은 다시 둘로 나뉜다. 상반기에는 요 몇 년 사이에 한국 사회에서 '정의와 공정'과 관련되어 뜨거운 논의가 이루어진 대상이자 문제 해결의 당사자이기도 한 젠더(남녀), 노동(자), 이주민, 청년이란 키워드로 구성했다. 하반기에는 '정의와 공정'에 이르기 위해 반드시 천착할 필요가 있는 이념 및 제도, 즉 자유주의, 복지국가, 사회적 협약, 언론(공론장), 인권이란 키워드를 배치했다.

우선 상반기에 이루어진 강연을 토대로 다섯 편의 글이 집필되었다. 이를 모아 '키워드 한국 공론장'의 첫 권을 펴낸다.

1장 "정의와 공정의 재검토"(목광수 서울시립대 교수)에서는, 최근 한국 사회에서 대세를 이룬 '실력주의·능력주의meritocracy 공정'은 우리에게 필요한 공정 전체의 한 부분에 불과하며, 여기에만 매몰될 경우 마치 〈오징어 게임〉처럼 각자도생과 약육강식, 새로운 신분제 생성으로 귀결될 것을 우려한다. 필자는 롤스John Rawls의 《정의론》을 '입체적 독해'를 함으로써 대안을 모색하며, 대안의 실현 가능성을 높이기 위해 우선 센Amartya Sen의 비교적 정의관에 따라 부정의를 제거하는 협력의 경험을 축적하자고 제안한다. 이 밖에도 다양한 정의 관련 학설이 있기에 우리가 반드시 롤스와 센의 관점에만 머물 필요는 없으나, 이 주제를 숙고해 온 필자의 통찰과 제언은 충분히 경청하고 음미해 볼 가치가 있다.

2장 "젠더란 무엇인가?: 갈등과 이분법을 넘어서"(신경아 한림대 교수)에서는 '이대남'과 '이대녀', '젠더 갈라치기', '여성가족부 폐지' 등 근년 들어 크게 논란이 되고 정치적 대권의 향방을 좌우할 정도로 고양된 '젠더갈등'에 대해, 문제의 발단이 된 주요 사건들과 사회적 맥락을 짚어 낸다. 나아가 필자는 젠더 연구사에 큰 획을 그은 학자와 업적을 솜씨 있게 훑어 내고 능숙하게 요약 · 정리한다. '젠더'란 사회적 맥락 속에서 구성되고 변화하는 '관계'를 설명하는 개념임을 숙지하고, 갈등을 노린 경계 행위border work를 지혜롭게 넘어서고, 상식화된 남녀 이분법적 도식에서 벗어날 때에 기존의 갈등과 불평등에 대한 해법이 보일 수 있음을 일깨운다.

3장의 "공론장에 선 노동"(이병훈 중앙대 명예교수)은 노동 이슈를 둘러싼 한국 사회의 공론장이 합리적 타협보다 상호 배제적 갈등이 일상화된 각축적 측면이 크다는 안타까운 현실에서 시작하여, 노동에 대한 개념사 및 자본주의하 노동력 상품화 관련 주요 논점에 대한 고찰로 이어진다. 그 결과, 고대 이래 불가피한 고역苦役의 성격을 띠던 노동이 근대 이후에는 인간 본연의 가치 실현 개념으로 전환되는 경향에도 불구하고, 사용자와 노동자 사이의 비대칭적 권력관계에 기반한 노동력의 상품화 과정이란 반反경향에 의해 제한됨을 보여 준다. 나아가 공론장의 주요 노동 이슈를 제시하고 상생적 공론화를 위한 소중한 제언을 한다. 오랫동안 노동 현실을 지켜본 전문가의 농축된 글이다.

4장 "이주 · 다문화 개념과 혼돈의 공론장"(설동훈 전북대 교수)은, 이주 및 다문화 분야에서 사용되는 개념이 지닌 의미와 한국 공론장에서 사용되는 양상을 꼼꼼하게 짚어 준다. 이주는 인간의 이동 중 기간이 길고 거주지를 옮기는 경우이며, 다문화 상황은 가치를 부여하는 다수의 문화적 기준이 병존하는 현상을 가리킨다. 자유이주, 강제이주, 강요이주라는 개념을 통해 이주의 역사를 소개하고 식민, 이민, 난민 개념에 대해서도 흥미로운 이야기를 전한다. 다문화라는 수식어를 남용하고, 한국 국적을 취득한 사람을 외국인 주민에 포함시킨다거나 역으로 미국 국민인 한인을 한국인으로 부르는 한국 공론장의 혼란스러운 상황도 지적하며 이주민을 향한 혐오의 문화에 경종을 울린다.

5장 "'청년'이라는 배치"(조문영 연세대 교수)는, 2장의 '젠더갈등' 못지않게 한국 사회를 뜨겁게 달군 청년 관련 이슈들을 짚어 보고, '청년'을 하나로 묶어 규정하는 일은 쉽고 편리하지만 극히 자의적이란 것을 탄탄하면서도 술술 읽히는 글을 통해 설득력 있게 보여 준다. 이러한 '청년'은 상황에 따라 누군가의 특정 목적을 위해, 여러 모습의 청년들 가운데 일부를 선별하고 조합해서 인위적으로 만들어 낸 것에 불과하기 때문이다. 필자는 공론장에서의 청년을 하나의 '배치'로, 다시 말해 사람 · 사물 · 제도·미디어 등이 결합해서 새로운 관계를 형성하고 영향력을 행사하는 일시적인 결과물로 이해할 것을 제안한다. 이러한 관점은 특정한 '청년'을 한 세대의 진실로 오인하는 일을 막아 줄 뿐만 아니라, 그와는 다른 모습의 수많은 청년들을 문제화·타자화하지 않을 수 있도록 해 준다.

'말'을 '배제'의 도구가 아닌 '소통'의 도구로 쓰기 위한 이 기획의 취지에 맞게, 다섯 편의 글은 모두 관련 주제와 키워드에 관한 잘못된 관념들을 짚어 내고, 이를 넘어설 때에 해법에 다가갈 수 있음을 시사한다. '오해'를 넘어 '이해'로!

우리의 작은 시도가 안 그래도 혼란스러운 현실에 혼란을 더하지 않고, 조금이라도 명실名實을 바로잡고 공론장을 효과적으로 활성화하는 데 기여할 수 있기를 바란다. 또 우리 사회가 지금보다 몇 걸음이라도 더 정의롭고 공정한 사회로 나아갈 수 있기를 바란다.

이 책에 뒤이어, 2023년 하반기에 행한 5번의 강연을 토대로 또 한 권의 책이 나올 예정이다. 함께 읽어 주시기를 청한다. 아울러 이번 기획과 관련된 구체적 실무는 본 기획팀이 맡아 하였으나, 기획의 큰 윤곽과 연사·필진 구성은 한림대 도헌학술원 송호근 원장님이 주도하신 것임을 밝혀 둔다. 또 대학과 사회에 이바지하고자 학술원을 설립하신, 도헌 윤대원 일송학원 이사장님의 물심양면 아낌없는 지원이 없었다면 이 기획은 시작될 수 없었을 것이다.

끝으로 크고 작은 실무 전반에서 없어서는 안 될 역할을 해 준 이석희 연구원을 비롯한 학술원 구성원들과, 한 권의 책을 완성하기까지 세심하게 손보아 준 나남출판사 여러분께 감사드린다.

한림대학교 도헌학술원 키워드 한국 공론장 기획팀
이지원(일본학과 교수)
엄한진(사회학과 교수)
성기현(철학 및 글로컬융합인문학 전공 교수)

차례

5장 '청년'이라는 배치 조문영

1장

정의와 공정의 재검토

목광수

1. 한국 사회에서의 정의와 공정 이슈

한국 사회 공론장에서 많이 언급되는 용어 중 하나가 '공정과 정의'이다. 최근 한국 사회의 많은 사건이 '공정과 정의'와 이런저런 모습으로 관련되면서 담론이 활발히 이루어지고 있다. 공정과 정의는 짝처럼 함께 묶여 많이 언급되지만, 역사에서 보면 전면에 부각되는 단어와 보조 단어로 구분된다.

과거 민주화 역사에서는 '정의justice'가 중심 용어였고 세부 논의에서 '공정fairness'이 등장할 때가 많았다. 한국인들은 전근대 봉건사회에서 근대 사회로 전환되는 과정에서 경험한 혼란과 식민지 압제 현실, 해방 이후 군사 독재와 급격한 경제화 · 산업화에

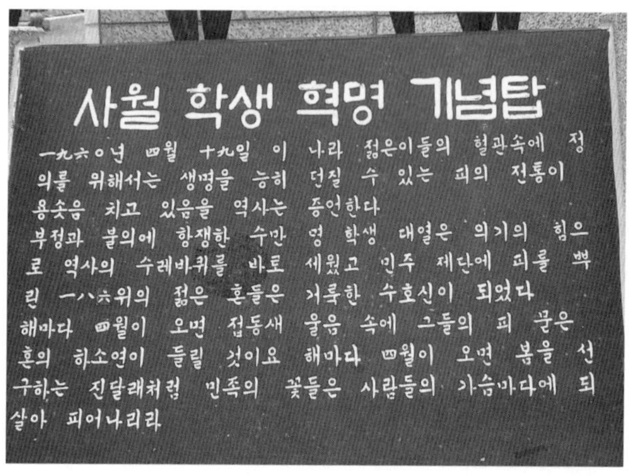

〈그림 1-1〉 사월학생혁명기념탑 비문(키워드 한국 공론장 기획팀 제공)

따른 사회 변동에서 겪은 부당한 경험으로 인해 정의에 대한 열망을 갖게 되었다. 가령 사월학생혁명기념탑에서는 “이 나라 젊은이들의 혈관 속에 정의를 위해서는 생명을 능히 던질 수 있는 피의 전통이 용솟음치고 있”으며 “부정과 불의에 항쟁”했음을 높이 기린다.

그런데 최근에는 ‘공정’이 전면에 부각되고 ‘정의’가 보조 역할을 하는 방향으로 바뀌었다. 예를 들어 한국 사회에서 역사상 처음이었던 대통령 탄핵의 도화선이 된 2016년 이화여대 학생들의 시위, 2017년 인천국제공항 비정규직 일부 정규직화 논란, 2017년 기간제 교사 정규직화 논란, 2018년 여자 아이스하키 단일팀 논

〈그림 1-2〉 '인천국제공항 사태'에 대한 반발[1]

란, 2019년 '조국 사태', 2020년 공공 의대 건립 논란 등의 사건들이 각각 내용은 모두 다르지만 '공정'이 전면에 부각되고 '정의'가 보조 역할을 했다. 더욱이 과거 정의 담론이 주로 정치 영역을 중심으로 이루어졌다면, 최근 공정 담론은 이들처럼 정치뿐만 아니라 사회의 다양한 영역에서 광범위하게 이루어지며 청년세대의 참여도 두드러진다.

역사상 한국 사회에서 공정과 정의 담론이 이처럼 활발하게, 그리고 광범위한 영역에서 이뤄진 적은 없었다. 그런데 이런 담론이 공론장에서 생산

---

1 〈시사경제신문〉(2020. 6. 25), http://www.sisanews.kr/news/articleView.html?idxno=50689.

적 방향으로 이뤄졌는지는 의문이다. 공론장에서 '공정과 정의'의 논의가 건전한 담론보다 종종 이념 대결이나 사회 분열로 나아갔기 때문이다. '공정과 정의'는 이들 용어가 감정에 끼치는 막강한 영향력과 파급력으로 인해 한쪽이 다른 쪽을 공격하는 무기로 전락했으며, 다른 가치들을 블랙홀처럼 빨아들인다. 어떤 사안이 벌어졌을 때 "그것은 불공정해!"라고 프레임을 형성하면 그 사안에 대한 분석과 건전한 담론은 사라지고 "불공정하다"는 비난과 "불공정하지 않다"는 대응이 격렬히 부딪치게 된다.

공정과 정의 논의는 생산성 없이 피로감을 높일 뿐만 아니라 다른 중요한 가치들을 공론장에서 소외시키기 때문에, 급기야 이 논의를 그만두자는 회의론이나 무용론이 조용히 확산되고 있다. 그런데 공정과 정의 담론을 정리하지 않고 다른 가치 논의로 전환하는 것이 가능할지 의문이다. 공정과 정의 담론이 논의하는 범위와 영향력이 막강한 탓에 제대로 그 의미와 위상을 설정하고 정리하지 않으면 다른 가치 논의들을 또다시 공정과 정의 논쟁으로 환원하여 오염과 혼탁을 초래할 것으로 보이기 때문이다. 이런 이유로 '공정과 정의'에 대한 재검토는 한국 사회가 정의롭고 공정한 사회로 나아가기 위해 필요한 담론이다.

2. 정의의 개념사와 의미 분석

정의의 부재 또는 훼손을 의미하는 부정의injustice가 억울함이나 분노 등의 강렬한 도덕 감정을 불러오기 때문에, 정의 개념은 그 파급력과 역동성이 강한 단어이다. 이런 의미에서 근대 도덕철학자 칸트Immanuel Kant는 《도덕형이상학》(1797)에서 "정의가 없으면 살 가치가 없다"고 단언한다. 그렇다면 정의의 의미는 무엇인가? 원래 우리 삶에서 중요하고 가치 있으며 자주 사용되는 용어를 명료하게 정의하기 힘든 것처럼, '정의'라는 말도 꼭 짚어서 그 의미를 밝히기가 쉽지 않다.

정의 개념은 서양 고대 문화인 이집트, 메소포타미아, 이스라엘, 그리스 등에서 공통으로 발견된다. 그 의미는 신성한 가치와 관련되며 영역은 개인뿐만 아니라 사회 질서에 대한 원리까지 폭넓게 적용되었다. 예를 들어, 기원전 1700년대 바빌로니아의 《함무라비 법전》에서 볼 수 있듯이, 정의를 '응보retribution'나 '복수vengeance'와 연관 지을 뿐만 아니라, 권력, 지위, 부에 따른 위계를 적절히 인정하는 것을 정의로운 사회 질서를 구체화하는 방안으로 보았다.[2]

---

2 이종은(2014), 《정의에 대하여》, 책세상, 364쪽.

이로부터 천 년 이상이 지난 후 고대 그리스 문학의 가장 오래된 서사시인 호메로스의 《일리아드》에서도 정의는 관습이나 질서 등의 규범을 따르는 행위 양태를 의미했다. 이를 포괄할 수 있는 것이 "각자에게 각자의 몫을 주어라suum cuique!"라는 사상이다. 고대 서구 사회에서 정의는 '각자에게 각자의 몫을 주어라'는 문구에서 볼 수 있듯 도덕적 옳음뿐만 아니라 응보, 복수와 관련된 힘의 논리 등 다양한 의미를 담고 있었다.

'정의' 개념의 다양한 의미는 서양 철학에서 정의에 대한 최초의 저서인 플라톤(BC 427/423~348/347)의 《국가》에 나타난 정의 개념을 계승하면서 발전시킨 아리스토텔레스(BC 384~322)의 《니코마코스 윤리학》에 잘 정리되어 있다. 아리스토텔레스에 따르면 정의는 규범을 준수한다는 보편적 정의의 의미인 '옳음', 즉 완전한 덕성virtue을 의미하기도 하지만, 이와 달리 상거래나 범죄적 잘못을 교정하는 시정 또는 교정rectifying 정의와 공동체의 자원을 나누는 분배distributive 정의처럼 덕성과 관련되지 않는 특수한 정의를 의미하기도 한다. 이런 정의는 추상적 의미에서 정의 자체인 옳음을 의미하기도 하며, 제도 안에서는 법과 같은 규범적 의미를 갖기도 한다. 실제 사안에서 이 둘은 중첩되는 경우가 많지만, 설명을 위해서는 개념적으로 구분해 볼 수 있다.

이처럼 다양한 의미를 갖는 서양의 정의 개념인 'justice'가 동양, 특히 한국에 수용되는 과정에서 적확한 단어를 찾지 못해 도덕적 의미를 담은 한자 '正義'로 번역된다. 동양의 고전에서 정의 개념은 순자(BC 298~238)의 《순자》〈정명正名〉편에 '정의이위正義而爲'로 처음 나타나는데, 이는 "의를 바르게 실천하는 것"을 의미한다.[3] 이후 동양 문헌에서 정의가 몇 차례 나타나지만, 그 의미는 올바른 의미, 행위의 정당성, 곧고 의로운 인격 등이었다. 일본에서 'justice'가 번역되어 사용되는 것도 비슷한 양상으로 나타났다.[4] '올바른 도리'를 의미하는 '정의'라는 단어는 일본에서 1220년에 헤이안 시대 말기부터 가마쿠라 초기에 활동한 승려 지엔이 쓴 역사서 《구칸쇼》에 처음으로 등장했다.

한국 사회에서 정의는 이처럼 서양의 개념사에서 나타나는 다양한 의미들이 한자로 번역되는 과정에서 '옳음'이라는 하나의 의미로 고정되면서 개념의 혼란을 겪게 된다. 다양한 의미를 담은 'justice'가 '正義'라는 명칭으로 고정되어 때때로 상충을 야기하기 때문이다. 이런 혼란 속에서 정의는 한국 사회의 발전 과정에서 때로는 민주화의 열망을 담은 언어로 사용되기도 하고, 때로는 독재 정권이 법의 지배를 정당화하는 근거로 사용되기도 했다.

3 이승환(1998), 《유가사상의 사회철학적 재조명》, 고려대학교출판부, 7쪽.

4 石塚正英・柴田隆行 監修(2004), 《哲學・思想飜譯語事典》, 論創社, 173쪽.

3. 공정의 의미 분석과 개념사

공정과 정의는 같은 의미의 개념인가? 정의의 다양한 기준 또는 원리 가운데 하나가 공정이다. 예를 들어, 정의는 평등으로서의 정의justice as equality, 상호성으로서의 정의justice as reciprocity, 공정으로서의 정의justice as fairness 등으로 구분된다.

그런데 공정은 아리스토텔레스의 분배 정의에서 논의한 것처럼, 인간들 사이의 재화 분배와 관련해 더욱 주목되는 개념이다. 경제 가치를 강조하고 부富를 사회 협력의 산물로 간주하는 근대 사회가 되면서 분배 정의는 주목받기 시작했고 더불어 공정 개념에도 관심이 쏠렸다. 특히 한국 사회에서는 최근 들어 분배 정의와 관련된 논란 속에서 공정 담론이 광범위하게 확장되고 있다.

그렇다면 공정의 의미는 무엇인가? 공정 개념에 대한 분석을 통해 이 물음에 답을 찾아보자. **공정 개념은, 예를 들어 "왜 쟤는 되고 나는 안 되나요?"라는 억울함의 호소와 같이 인간의 가장 원초적인 감정에 기초한 '비례 원리'에 기반을 둔다. 그러나 공정은 이런 직관적인 정의에도 불구하고 개념 자체의 의미는 단순하지 않다.** 이해를 위해 먼저 '전체로서의 공정'을 '절차-공정'과 '결과-공정'으로 나누어 의미를 각각 살펴보자.[5]

'절차-공정'은 사회적으로 확립된 절차에 따라 동일한 경우는 동일하게 대우하는 것이 정당하다는 '비례 원리'에 토대를 둔다. **'절차-공정'은 확립된 제도나 절차를 무시하고 학연, 지연, 인맥 등을 통해 자의적으로 혜택을 주는 행위를 차별이나 불공정이라고 규정하고 제도와 절차라는 형식을 통해 공정성을 확보하려는 시도이다.**

그런데 '절차-공정' 자체만 강조하는 것은 공정성을 훼손할 수 있다. 왜냐하면 '절차-공정'은 개념적으로 절차 자체에 대한 반성을 내포하지 않기 때문이다. 만약 절차와 제도가 신분제 사회나 가부장제 사회처럼 이미 왜곡된 '기울어진 운동장'이라면, 이를 고수하는 것이 과연 공정한 것일까? '절차-공정'이 절차나 제도 자체의 정당성에 관해 묻지 않고 특정 집단에 유리하게 제시된 절차나 제도를 고집하는 것은 공정성을 확보하기보다는 오히려 특정 집단, 특히 기득권의 이익을 옹호하는 왜곡된 논리로 사용될 수 있다. 따라서 '절차-공정'은 제시된 절차와 제도가 정당한지에 대한 끊임없는 반성을 요구한다.

이러한 반성은 공정의 또 다른 하위개념인 '결과-공정'을 통해 보완될 수 있다. '결과-공정'은 제도나 절차가 아닌 결과에 주목

---

5 공정 개념의 분석은 다음 글을 토대로 하지만, 이를 광범위하게 보완하여 수정했다. 목광수 저, 한국윤리학회 편(2021), 〈공정과 실력주의 사회〉, 《롤즈 정의론의 이론과 현실》, 철학과현실사.

하는 공정의 개념이다. **'결과-공정'은 적용 영역에 따라 '성과成果 비례' 원리와 '인간 존중 비례' 원리에 의한 공정으로 구분된다.** '성과 비례' 원리에 따른 '결과-공정'은 성과 여부에 따라 비례해서 보상하는 것이 공정하다는 논리이다. 예를 들어 동일한 노동, 즉 동일한 성과에는 동일한 임금을 주어야 하고 더 많은 성과를 내면 더 많은 보상을 해야 한다는 것이다. 한편, '인간 존중 비례' 원리에 따른 '결과-공정'은 모든 인간은 인간이라는 점에서 동일하게 대우받아야 한다는 것이다. 예를 들어, 회사 직원 모두에게 보편적으로 평등한 지위와 권리를 보장하기 위해 비정규직을 정규직으로 전환하는 것은 '인간 존중 비례'에 따른 '결과-공정' 사례에 해당한다.

'결과-공정'은 공정 원리를 기준으로 '절차-공정'의 부정의와 불공정을 고발하고 시정하고자 한다. "왕후장상의 씨가 따로 있느냐"라고 외쳤던 고려 시대 노비 만적처럼, 그리고 봉건제를 타파하려 했던 혁명가들처럼, 사회적으로 제도화되고 고착화된 신분제 같은 불합리한 차별에 저항하는 운동의 논리가 '결과-공정'이다. 따라서 '결과-공정'은 1차적으로 '절차-공정'의 절차와 제도가 정당한지 판단하고 이를 시정하고 개선하기 위한 반성의 기준 역할을 한다. 2차적으로 그렇게 시정된 절차나 제도가 초래할 수 있는 불공정한 공정을 시정하는 역할을 한다.

그런데 불공정한 현실을 빨리 개선하겠다는 조급함으로 인해 '결과-공정'이 이런 과정을 무시하고 '절차-공정'의 제도와 절차에 대한 점검 없이 바로 '결과-공정'을 추진하면 전체로서의 공정성 훼손이 나타날 수 있다. 이 자체가 자의적이어서 공정의 기본 원리인 비례 원리를 위반하기 때문이다. 따라서 '결과-공정'은 '절차-공정'을 통해 사회적으로 확립된 절차를 준수하면서 추구해야 하며, '절차-공정'은 절차 자체의 정당성을 '결과-공정'을 통해 검토하고 반성해야 한다.

이 양자는 공정 담론의 부분에 불과하다. 그중 하나만을 공정의 전부인 것처럼 주장하면 갈등과 분열을 조장하고 '전체로서의 공정'을 제시하지 못한다. 절차에 따르기만 하면 어떤 결과가 나와도 공정한 것인가? 반대로 공정한 결과만 나오면 어떤 절차를 통해 이뤄져도 상관없는 것인가? 한국 사회의 논쟁은 대부분 '전체로서의 공정'보다는 공정의 부분인 절차나 결과에만 초점을 두는 우愚를 범했다. 따라서 '전체로서의 공정'은 '절차-공정'과 '결과-공정'이 함께 유기적으로 통합되어 추구되어야 한다.

그렇다면 '절차-공정'과 '결과-공정'이 함께 고려되어 '전체로서의 공정'만 만족하면 충분한가? 분석적으로 볼 때, '전체로서의 공정'은 '절차-공정'과 '성과 비례'의 '결과-공정'의 결합일 수도 있고, '절차-공정'과 '인간 존중 비례'의 '결과-공정'의 결합일 수도 있다.

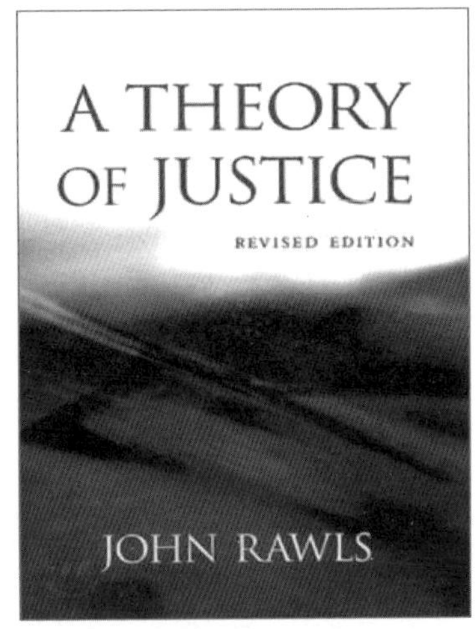

〈그림 1-3〉《정의론》 개정판 표지

따라서 각각의 '전체로서의 공정'은 특정 영역에서만 정당성을 확보할 수도 있다. 가령 정당한 '절차-공정'의 어떤 영역에는 '성과 비례'의 '결과-공정'을 정당하게 적용할 수 있다. 대학 수업에서 상대 평가를 통해 학점을 부여하는 방식이 이에 해당한다.

반면에 '절차-공정' 자체가 정당화되기 어려운 어떤 영역에서는 '인간 존중 비례'의 '결과-공정'을 적용하는 것이 정당하다. 예를 들어, 미국의 정치 철학자이자 윤리학자인 롤스John Rawls의 《정의론A Theory of Justice》(초판 1971, 개정판 1999)은 선천적 지능, 건강, 신체, 외모, 노력하는 기질 등과 후천적 가정 배경이나 환경 등은 '자격 있다deserve'고 정당화하기 어려운 '운fortune'에 해당한다고 분석한다.

〈그림 1-4〉 존 롤스

롤스는 이런 자연적 우연성과 사회적 우연성은 인간의 인생에서 지대한 영향력을 행사하는데 이런 우연성의 영향력 아래에서 나온 결과를 무비판적으로 수용하는 것이 정당한지 의구심을 갖는다.

롤스는 유리한 우연을 타고난 사람들이 다른 사람들을 배제한 채 제도와 절차를 자신들에게 유리하게 만들어 놓고는 그 절차가 공정하다고 주장하는 '절차-공정'이 정당하지 않으며, 이러한 우연적 영향력의 결과를 토대로 성과에 따라 보상이 비례적으로 주어지는 '결과-공정' 또한 공정하지 않다고 주장한다. 만약 이러한 우연성을 '절차-공정'에서 고려하지 않은 절차와 제도를 적용한다면, 그 결과가 공정하다고 보기 어렵기 때문이다. 따라서 롤스는 모든 사회 구성원이 참여하는 '절차-공정'의 자연적 우연성과 사회적 우연성을 완화하고 무력화하는 '결과-공정', 즉 '인간 존중 비례'의 '결과-공정'으로 나아가는 '전체로서의 공정'이 사회 전체 영역에 적용되는 분배 원리로 적절하다고 주장한다.

4. 한국 사회에서의 실력주의 공정

앞에서 분석한 공정과 정의 개념 틀에서 본다면, 한국 사회의 최근 공정 개념과 논의는 어떻게 볼 수 있을까? 한국 사회 전체의 분배 원리에 대한 최근의 공정 담론은 어떻게 분석될 수 있을까? '완벽하게 공정한 경쟁'으로 대표되는 최근 공정 개념은 절차 자체가 정당화되지 않은 '절차-공정'과 그러한 절차에서 나온 '성과 비례'의 '결과-공정'이 결합된 공정, 다시 말해 '전체로서의 공정'에서 특수한 형태인 '실력주의meritocracy 공정'에 해당한다. 재능 같은 자연적 우연성과 집안 배경 같은 사회적 우연성의 영향이 한국 사회의 절차와 제도에 막강한 영향력을 행사하는데, 이를 반영하는 '절차-공정' 아래 '성과 비례'의 '결과-공정'의 원리로 사회 전체 재화를 분배하는 것을 도덕적으로 정당하다고 옹호하고 있기 때문이다.

한국 사회의 실력주의 공정은 '시험실력주의'라고도 볼 수 있다. 어떤 영역에서든 정량화된 시험이라는 절차를 신성화하는 한편, 이 절차에 '성과 비례' 원리를 적용하여 승자에겐 승자에 걸맞게 대우하고, 패자에겐 패자에 걸맞게 대우하는 것이 공정하다고 보기 때문이다. 그런데 만약 처음부터 시험 문제가 운 좋은 특정인에게 유리하게 출제된 것이라면 또는 시험장 여건이 그런 특정인에게만 유리하다면, 그 시험으로 승자가 된 사람이 정당한 승자라고 할 수 있을까? 이미 절차 자체가 정당화될 수 없어서 공정성을 훼손한다면, 그러한 절차의 결과인 성과를 비례에 따라 제시하는 결과-공정 또한 정당하지 않은 것 아닌가?

한국 사회는 이런 의문을 무시하고 실력주의 공정을 시대정신이자 도덕적으로 정당한 사회 원리로 신봉하고 있다. 실력주의 공정 원리를 사회의 일부 영역이 아니라 사회 전체 재화의 분배 원리로 삼으려는 분위기가 한국 사회에 만연하다. 이를 보여 주는 사건들인 인천국제공항 비정규직 일부 정규직화 논란, 기간제 교사 정규직화 논란, 조국 사태, 공공 의대 건립 논란 등은 청년세대가 주도했다.

또한 굿네이버스가 만 13세에서 24세 청소년 천 명을 대상으로 조사하여 2022년 12월 발표한 〈청소년 공정성 인식 조사〉에 따르면, 아버지의 학력이 높고 가정의 경제 수준이 높을수록 '장학금을 줄 때, 가정 형편보다 성적을 고려해야 한다', '의대와 명문대 합격자 중 특정 지역 학생들이 많은 것은 그들의 실력이므로 공정하다', '개인이 처한 상황에 상관없이 오로지 능력에 따라 보상받는 것이 공정하다' 등의 주장에 동의하는 정도가 상대적으로 높았다. 이런 결과는 최근 청소년들 사이에서도 실력주의 공정 개념이 만연함을 보여 준다. 더욱이 여야를 막론하고 정치인들이 외치는 '개천에서 용이 나는 사회', '계층 이동의 사다리 회복' 등의 발언은 실력주의 공정 개념 원리를 사회 원리로 인정하는 사회 분위기를 잘 보여 준다.

실력주의라는 단어를 처음 만든 영국의 사회학자 영 Michael Young**은 사회 원리로서의 실력주의가 갖는 명암을 잘 밝혔다.** 영은 1958년 풍자 소설《메리토크라시의 부상*The Rise of Meritocracy*》에서 신분제 사회가 붕괴하고 실력 중심 사회로 변화하는 과정에서 영국 사회에서 발생할 문제를 경고하기 위해 '실력주의'라는 말을 처음 사용한다. 영은 소설에서 2033년의 미래 영국 사회가 사회 재화를 개인의 능력, 즉 지적 능력에 노력을 더한 실력에 따라 분배하는 실력주의 사회가 될 것이고 이런 사회가 출생으로 세습되는 불평등한 전통적인 귀족제 신분 사회를 타파하는 진보를 일시적으로 이루지만, 실력에 입각한 새로운 신분제를 초래하는 불평등한 세습 사회로 전락할 것임을 예견한다.

영은 실력주의 개념을 통해 실력주의 공정의 한계를 신랄하게 풍자하지

만, 실력주의 공정 개념은 한국 사회처럼 영국 사회에서도 추구해야 할 것으로 오해받기도 한다. 이런 실력주의 사회의 문제는 근본적인가? 아니면 적용 과정에서 부가적으로 발생하는가? 전자라면 실력주의는 폐기되어야 할 사상이지만, 만약 후자라면 올바른 형태의 실력주의를 형성하기 위해 조심스럽고 세밀한 적용이 요구될 것이다.

현재 한국 사회의 공정 논쟁을 보면, 후자의 입장을 취하는 사람들이 적지 않다. 공정한 사회는 실력주의 사회, 즉 실력 있는 사람이 더 많은 보수를 받는 공정이 실현되는 사회라고 주장하면서, 그 부작용을 해소할 '열린' 실력주의 또는 '건강한' 실력주의를 추구해야 한다는 것이다.

그런데 이들이 실력주의를 제대로 이해하고 있는지 의심스럽다. 이들은 말한다. "당신이 아프면 실력 좋은 의사에게 가는 것이 당연하지 않은가?", "실력 좋은 의사가 더 많은 보수를 받는 것은 당연하지 않은가?", "만약 이러한 말에 동의한다면서 어떻게 실력주의 사회를 거부할 수 있겠는가?" 이들은 실력주의가 단순히 실력을 중요하게 생각하고 실력 있는 사람에게 더 많은 보수를 지급하는 것이라고 오해한다. 실력주의를 비판하고 자신의 정의론을 그 대안으로 제시하는 롤스 또한 특정 영역의 실력 있는 사람들에게 더 많은 보수를 주는 것을 인정한다.

롤스는 실력이 중시되는 사회를 부정하는 것이 아니라, 실력만을 사회

재화의 분배 원리로 적용하려는 체제로서의 실력주의를 부정하는 것이다. 왜냐하면 실력주의 사회는 실력 이외의 다른 요소들, 롤스가 말하는 자연적 우연성이나 사회적 우연성 같은 요소들을 분배 과정에서 고려하지 않아 불공정을 허용하는 사회, 즉 '절차-공정'과 '성과 비례'의 '결과-공정'이 결합한 공정 개념을 사회 전체의 분배 원리로 전면화하는 사회이기 때문이다. 롤스에 따르면 이러한 실력은 우연적인데, 이를 원리와 기준으로 전체 사회 재화를 분배하여 실력이 좋은 사람들이 그러한 재화를 독점하고 이를 정당화하는 것은 부당하다.

롤스의 구분법에 따라 보면, 예를 들어 실력이 좋아 더 많은 보수를 받는 의사의 몫은 도덕적으로 정당한 몫이라는 의미의 '도덕적 응분의 몫moral desert'이 아니라, 사회 구성원들의 합의를 통해 획득한 합당한 기대치legitimate expectation의 권리에 해당한다. 왜냐하면 더 좋은 재능을 갖고 태어나 더 많은 교육을 받아 의사가 된 것은 도덕적으로 정당화될 수 없는 우연성에 토대를 두고 있다는 점에서 도덕적 응분의 몫은 될 수 없지만, 사회 구성원들이 그러한 노력과 일의 중요성을 고려하여 더 많은 보수를 주기로 결정했기 때문이다. 이런 사회는 실력주의 사회가 아니며, 이런 사회에서는 실력 이외의 다른 가치인 연대, 존엄성, 돌봄 등이 함께 강조될 수 있다. 어떤 영역에서는 실력에 따른 보상을 분배하지만, 다른 영역에서는 예를 들어 실력이 아닌 다른 가치인 돌봄을 배분하는 사회다.

많은 학자들이 분석한 것처럼, 실력주의 사회는 승자에게 오만과 독선을 주고 패자에게 열등감과 패배 의식을 준다.[6] 실력주의 사회의 승자는 자신이 노력한 대가를 도덕적으로 정당하게 받았다고 자부하며, 패자는 노력하면 성취할 수 있었는데 게으르고 나태해 패배했다고 자책한다.

더욱이 실력주의 공정은 승자에게 자신의 위치를 지키기 위해 끊임없이 성과를 요구하여 지치게 한다. **실력주의 공정은 결국 이를 추구하는 사회 구성원 모두에게 불안감과 과로, 생사를 건 투쟁, 약육강식弱肉強食의 정글에서의 삶을 제시하여 공멸共滅에 이르게 한다.** 2021년 9월 개봉한 넷플릭스 드라마 〈오징어 게임〉에서 "제발 그만해, 이러다간 다 죽어"라는 오일남의 외침은 승자독식을 정당화하는 실력주의 공정 사회가 공멸의 사회임을 잘 보여 준다.

6 실력주의 사회의 문제를 잘 분석한 몇 권의 책을 소개하면 다음과 같다: 장은주(2021), 《공정의 배신》, 피어나 ; 마이클 샌델 지음, 함규진 옮김(2020), 《공정하다는 착각》, 와이즈베리 ; 스티븐 J. 맥나미 · 로버트 K. 밀러 주니어 지음, 김현정 옮김(2015), 《능력주의는 허구다》, 사이 ; 대니얼 마코비츠 지음, 서정아 옮김(2020), 《엘리트 세습》, 세종서적 ; 셰이머스 라만 칸 지음, 강예은 옮김(2019), 《특권: 명문 사립 고등학교의 새로운 엘리트 만들기》, 후마니타스 ; 토마 피케티 지음, 안준범 옮김(2020), 《자본과 이데올로기》, 문학동네.

5. 실력주의 공정을 합리적으로 선택하는 이유

왜 한국 사회의 구성원들, 특히 청년세대는 이런 실력주의 공정 개념을 옹호하고 이에 기반을 둔 사회를 정의로운 사회라고 신봉하는 것일까? 혹자의 말처럼, 실력주의 공정의 한계나 폐해에 대해 모르기 때문일까? 그동안 많은 사람들이 칼럼과 저술을 통해 실력주의 공정의 한계를 지적한 것들을 접했을 텐데, 수많은 정보와 계몽에도 불구하고 여전히 실력주의 공정에 몰두하고 있다는 점이 의아하다. 몰라서가 아니라면 무엇 때문일까?

어쩌면 나름의 합리적 선택이 아닐까? 어차피 절차와 제도 자체에서 사회적·자연적 우연성을 무력화하는 '절차-공정'이 불가능하고, 이러한 한계를 보완하는 '인간 존중 비례'의 '결과-공정'이 '전체로서의 공정'으로 제시되는 정의로운 사회가 불가능하거나 도달하기 요원하다면, 차선책으로 실력주의 공정 사회가 신분제 사회보다는 낫다는 마음이 아닐까? 희망이 없고 더 나은 미래를 기대할 수 있는 현실에서 절차와 제도 자체가 기울어졌다고 하더라도 그 제도에서 각자도생各自圖生하는 약육강식의 법칙을 통해 혹시 모를 기회를 잡아 보려는 심리가 아닐까?

넷플릭스 드라마 〈오징어 게임〉에서 참여한 게임이 참혹한 약육강식임을 인지하고 게임 밖으로 나갔던 사람들이 다시 돌아오

〈그림 1-5〉 드라마 〈오징어 게임〉 포스터

면서 '밖(사회)도 지옥이고 안(게임)도 지옥이니, 안에서 한번 각자도생을 추구해 보겠다'고 절규한 것처럼, 나름의 합리적 선택이 아닐까? 양질의 일자리가 줄어들고, 단군 이래 최고의 스펙을 자랑한다는 청년세대가 취업하지 못하는 절망스러운 현실 앞에서 합리적 선택은 실력주의 공정, 즉 절차의 정당성은 상관없이 시험 등의 객관적 지표를 통해 높은 점수를 얻으면 혜택을 받는 것이 공정하다는 논리를 택한 것으로 보인다.

실력주의 공정 사회의 토대는 부동산 가격 폭등 등으로 고조된 경제적 불평등, 그리고 승자독식과 약육강식의 각자도생을 도모할 수밖에 없는 파편화된 개인주의다. 사회적·경제적 불평등은 사회 구조의 문제이고 전통적으로 분배 정의라는 정의 영역에서 다루어 온 주제이다. 그런데 현재 신자유주의적 자본주의 흐름에서는 경제적 불평등을 더 이상 사회 문제가 아닌 개인의 책임으로 환원시키고 있다.

이에 더해 실력주의 공정 논의는 단순한 '절차-공정'을 강조하는 형식적 기회 균등의 토대에서 '누군가의 열악한 처지는 그 사람의 노력 부족 때문'이라는 인식, 다시 말하면 '나의 불평등은 나의 책임'이라는 인식을 부여한다.

이러한 사회 분위기와 극심한 경제적 불평등 아래 취업의 문마저 좁아져 버린 현실에서 청년세대는 그러한 문을 넓히는 사회 제도 개선에 관심을 두기보다는 각자도생을 추구하게 된 것으로 보인다. 희망이 없고 기대가 없는 현실에서 그나마 남은 약육강식의 정글이 자신들의 마지막 도전이 되는 것이다. 여기서 자신의 이익을 보장하고 정당화하는 논리가 바로 실력주의 공정이다.

서울연구원이 2020년 발표한 〈장벽사회, 청년 불평등의 특성과 과제〉 보고서에 따르면, 20대와 30대 청년들은 자기 부모보다 자신의 사회적 지위가 하락할 것이라고 각각 69%와 35%가 답했다. 반면에 상승할 것이라고 답한 비율은 각각 11.8%와 38.5%에 불과했다. 그리고 서울 청년 10명 중 9명은 부모의 사회적·경제적 지위의 대물림 현상이 심각하다고 응답했다. 이 결과는 젊은 패기로 미래를 낙관적으로 보기 쉽다고 여겨져 온 청년세대가 한국 사회는 희망이 없다고 인식하고 있음을 보여 준다.

이러한 희망 상실의 현실은 2023년 출산율이 0.72명으로 낮아진 현상, 그리고 2021년 기준으로 OECD 평균 11.1명보다 훨씬 많은 10만 명당 23.6명의 자살률에서도 나타난다. **자살률이 높은 것은 현재의 삶이 고달픔을 반영하고, 출산율이 떨어진 것은 미래를 담보할 수 없는 불안감을 보여 준다.**

세계불평등연구소World Inequality Lab가 최근 발간한 〈세계 불평등 보고서 2022〉에 따르면, 한국 사회는 하위 50% 대비 상위 10%의 소득 배율이 14배이고, 하위 50% 대비 상위 10%의 자산 배율은 52배이며, 최상위 1%의 보유자산 비중은 25.4%에 이른다. 이처럼 불평등이 심화되고 미래에 대한 희망을 상실한 한국 사회에서 할 수 있는 합리적인 선택은 각자도생하는 경쟁일 것이다. 즉, 실력주의 공정만이 유일한 마지막 차선책인 것이다.

현재 한국 사회에는 성과 위주 풍토 속에서 고통받는 사람이 많다. 2023년 2월 20일 통계청이 발간한 〈국민 삶의 질 2022 보고서〉에 따르면 삶의 만족도는 2021년 6.3점(0~10점 척도)이다. UN 산하 자문기구인 지속가능발전해법네트워크SDSN의 〈세계 행복 보고서 2022〉에 따르면, 한국인의 삶 만족도는 5.9점(2019~2021년 평균)으로 OECD 회원국 평균(6.7점)보다 크게 낮다.

우리는 더 열심히 노력하는데 삶은 더욱 척박해지고 있다. **현재 한국 사회의 청년세대를 포함한 전체 구성원들은 희망이 없는 절박한 현실 속에서 실력주의 공정을 합리적 선택으로 인식하고 추구하고 있다.** 그런데 우리는 승자독식의 무한 경쟁 사회에서 예견된 공멸을 향해 계속 나아갈 것인가? 나뿐만 아니라 내가 사랑하는 사람들도 계속 이런 약육강식의 정글 속에서 목숨을 건 생존 게임을 하게 할 것인가? 다른 대안은 없는 것인가?

6. 《정의론》 입체적 독해로 대안 모색하기[7]

공정과 정의 논의가 한국 사회에서 실력주의 공정으로 전락하는 현실을 경험하면서, 공정과 정의 논의를 멈추고 새로운 대안을 모색하려는 시도들이 있다. 그런데 기존 논의의 혼란을 그대로 둔 채 새로운 시도들로 나아가는 것이 가능할까? 가능하다고 하더라도 효과적일까? 대안 담론마저 다시 익숙한 공정과 정의 담론의 늪에 빠져 발목이 잡힐 것이다. 예를 들어, 다른 가치인 '돌봄' 대안을 제시하면 절차에 어긋나 불공정하다거나 역차별이라 부정의하다면서 다시 공정과 정의 담론으로 끌고 들어올 것이다. 따라서 다른 가치의 풍성함을 추구하기 전에, 먼저 논란이 되는 공정과 정의에 대한 재검토를 통해 대안을 모색하는 것이 바람직할 것으로 보인다.

이 글은 롤스의 《정의론》(초판 1971, 개정판 1999)에서 대안을 찾아보려 한다. 왜냐하면 롤스의 논의에는 이미 한국 사회에 유행하는 실력주의 공정 문제와 그 기저의 불평등에 관한 분석, 그리고 이를 극복하려는 시도인 '민주주의적 평등' 사회라는 대안이

---

7 공정 담론과 관련된 롤스 《정의론》 분석 논의는 다음 글의 일부 내용을 토대로 하여 수정하고 재구성하였다: 목광수(2022), "공정 담론과 불평등: 롤스(John Rawls)의 공정으로서의 정의", 〈CMR〉 27, 기독경영연구원.

담겨 있지만, 이에 대해 한국 사회에서는 그동안 주목하지 않았었기 때문이다.[8] 롤스 《정의론》의 1부, 2부, 3부를 통합적으로 읽어가는 '입체적 독해'에 따라 정의론을 이해한다면, 정의론이 승자와 패자가 구분되고 승자의 특권이 정당화되는 실력주의 사회를 거부하고 민주주의적 평등, 즉 사회 구성원들에게 기회가 균등하게 주어지는 절차 아래 결과에서 자존감을 보장하고 합당한 차이를 인정하는 연대의 사회를 지향함을 알 수 있을 것이다.

《정의론》에 대한 입체적 독해는 '원초적 입장original position'에서 '무지의 베일veil of ignorance'을 쓰고 이루어지는 합의를 통해 제시되는 정의의 두 원칙이 정의론의 전부가 아니라, 이런 원칙이 사회

8 한국 사회가 이 글에서 제시하는 대안에 주목하지 못했던 이유는 《정의론》에 대한 기존 독해 방식 때문으로 보인다. 롤스는 《정의론》 서문에서 1부 1~4절까지의 20쪽 남짓만 읽어도 정의론에 대한 개략적인 이해를 얻을 수 있지만, 3부 목적론을 읽지 않으면 정의론 전체를 오해할 위험이 있다고 경고한다. 그런데 기존 독해는 롤스의 경고를 무시하고 600쪽 넘는 대작을 체계적으로 읽기보다는 1부나 1부의 일부만 읽으면서 정의론을 이해하곤 했다. 이런 기존 독해는 그 자체가 틀렸다기보다는 롤스 정의론의 깊은 의미와 통찰력을 얻지 못하게 하며, 잘못하면 정의론을 왜곡하고 오해할 우려가 있다. 만약 롤스가 《정의론》 3부 67절에서 "자존감이 가장 중요한 가치이고, 원초적 입장의 합의 당사자들은 어떤 희생을 치르더라도 자존감을 보장하려고 할 것"이라는 논의, 정의론이 "협력 체계로서의 사회관, 그리고 정의감과 가치관을 가진 인간관에 토대를 두고 있다"는 《정의론》 3부 논의를 이해한다면 롤스를 실력주의 공정 옹호자나 복지국가 자본주의를 추구하는 학자로 오해하지는 않았을 것이다.

〈표 1-1〉 롤스의 제 2원칙 해석에 따른 4개 사회 체제 분류

		모두에게 이익이 됨	
		효율성 원칙	차등 원칙
평등하게 개방됨	재능 있으면 출세	자연적 자유 체제 (system of natural liberty)	자연적 귀족 체제 (natural aristocracy)
	공정한 기회 균등	자유주의적 평등 체제 (liberal equality)	민주주의적 평등 체제 (democratic equality)

구성원들의 '자존감self-respect'을 보장하면서 인간다운 삶을 향유하게 하려는 목적 아래 이루어진다는 것을 이해하게 할 것이다. 이런 점에서 롤스의 공정 사회는 '결과-공정'의 무조건적 평등 추구를 비켜 가면서도 평등이 추구하려던 이상인 서로 협력하고 존중하는 사회를 도모한다.

롤스가 추구하는 정의롭고 공정한 사회는 실력주의 공정이 만연한 한국 사회와 다르다. 이러한 차이는 롤스가 제시한 〈표 1-1〉과 이를 공정 관점에서 재구성한 〈표 1-2〉에서 잘 나타난다. 롤스가 제시하는 정의의 두 원칙은 제 1원칙인 평등한 자유의 원칙과 제 2원칙인 공정한 기회 균등의 원칙과 차등 원칙difference principle이다. 이 가운데 제 2원칙의 일반화된 기술은 '평등하게 개방됨'이라는 공정한 기회 균등의 원칙과 '모두에게 이익이 됨'이라는 차등 원칙인데, 이런 일반적 표현이 모호하여 〈표 1-1〉처럼 각각 2개로 해석될 수 있다. 이런 해석을 조합하여 구현될 사회를 정리하면

〈표 1-2〉 공정 관점에서 재해석한 롤스의 4개 사회 체제

구분		결과 공정 (자연적 우연성 대응)	
		성과 비례 원리	인간 존중 비례 원리
절차 공정 (사회적 우연성 대응)	형식적 비례 원리 (법적 동등 기회)	[양육강식/닫힌] 실력주의 사회 (사회적 우연성 지배 은폐, 자연적 우연성 지배 허용)	자비로운 기득권의 시혜에 의존하는 신분제 사회 (사회적 우연성 지배)
	실질적 비례 원리 (제도 동등 기회)	[공평한/열린] 실력주의 사회 (자연적 우연성 지배)	평등 지향 민주 사회 (자연적/사회적 우연성 지배 약화)

4개 사회 체제로 분류된다.

〈표 1-1〉의 구분을 앞의 공정 논의에 대한 분석 틀로 재구성하면, '평등하게 개방됨'에서 '재능 있으면 출세' 부분은 '형식적 비례'의 '절차-공정'이고 '공정한 기회 균등'은 '실질적 비례'의 '절차-공정'에 해당한다. 또한 '모두에게 이익이 됨'에서 '효율성 원칙'은 '성과 비례'의 '결과-공정'이고, '차등 원칙'은 '인간 존중 비례'의 '결과-공정'으로 볼 수 있다. 이를 정리하면 〈표 1-2〉와 같다.

〈표 1-2〉는 '성과 비례'의 '결과-공정'이 '절차-공정'과 결합할 때는 실력주의 사회로 구현될 수밖에 없음을 보여 준다. '형식적 비례 원리'보다는 '실질적 비례 원리'의 '절차-공정'이 좀 더 나을 수는 있겠지만, 결국 실력주의 사회로 귀결되기 때문이다. 현재 한국 사회에서 신봉하는 실력주의 공정은 신분제를 타파할 수는

있겠지만, 결국 새로운 신분제로 회귀할 수밖에 없다. 실력주의 사회는 결국 승자가 부와 명예 등의 재화를 얻게 할 것이고, 이 재화의 토대 위에서 성장한 승자의 후손은 승자의 부와 명예를 세습하며 불평등을 심화할 것이기 때문이다. 이런 사회는 새로운 귀족 사회에 불과하며, 여기에서 불평등은 또 다른 실력주의의 불평등에 해당한다.

'공정한 기회 균등 원칙'과 '차등 원칙'이 결합한 '민주주의적 평등 체제'는 롤스가 제시하는 공정하고 정의로운 사회이다. 민주주의적 평등 체제가 실력주의 사회인 '자유주의적 평등 체제'와 구분되는 것은 차등 원칙과의 결합 여부이다. 따라서 차등 원칙의 정신을 검토하면 민주주의적 평등 체제의 특징과 롤스가 실력주의 사회를 거부하는 이유를 알 수 있다. 차등 원칙은 사회적 · 경제적 불평등이 사회에서 가장 불우한 처지에 있는 사람들인 최소 수혜자에게 이익이 될 경우에만 정당화된다는 원칙이다. 차등 원칙에 의해 합당성을 확보한 최소 수혜자의 이익이 사회 구성원 사이의 연쇄관계와 긴밀하게 관련되어 있어 사회 전체 구성원에게 혜택으로 상호 공유된다.

롤스는 《정의론》 17절에서 차등 원칙에 '보상 정신', '상호성', '박애 정신'이 있다고 말한다. 롤스에 따르면 차등 원칙은 보상redress의 원칙이 추구하는 정신을 담고 있다. 보상 원칙은 정당화될 수 없는 자연적 · 사회적 우연성에 기인한 사회적 · 경제적 불평등은 부당하고 이러한 불평등은 어떤 식으로든 보상되어야 한다는 것이다. 앞에서도 언급한 것처럼, 이것은 롤스 논의에서 사회적 · 자연적 우연성과 공정 개념의 관련성을 잘 보여준다.

또한 차등 원칙은 상호성reciprocity을 추구한다. 롤스의 정의론은 유리한 여건에 있든 불리한 여건에 있든 사회 구성원은 사회 협력 과정에 참여함으로써 모두가 이익을 공유할 수 있다는 사회관에 토대를 둔다. 롤스는 사회적 · 경제적 불평등이 동기 부여를 일으켜 사회 구성원들이 자신의 재능을 발휘하게 하므로, 이러한 불평등이 사회 구성원 모두에게 혜택을 주어야 함을 강조한다. 즉, 차등 원칙은 상호성을 추구하는 사회 협력이 가능한 정도에서의 경제적 · 사회적 불평등만을 허용할 것이다.

마지막으로 차등 원칙은 박애fraternity의 정신을 담고 있다. 롤스에 따르면 박애는 복종과 굴종의 방식 없이 다양한 공공 관습에서 나타나는 사회적 존중감social esteem을 어느 정도 동등하게 갖는 것이며, 시민적 우애와 사회적 연대감으로 나타난다. 차등 원칙은 불우한 처지에 있는 타인들에게 이익이 되지 않는다면 자신의 더 큰 이익을 추구하지 않겠다는 의미에서 박애 정신을 담고 있다.

차등 원칙은 그것이 담고 있는 보상 정신, 상호성, 박애 정신으로 인해 불운한 사람들이 경쟁에서 뒤처지도록 내버려 두는 약육강식의 실력주의 사회로 가지 않게 한다고 롤스는 주장한다. 이러한 정신을 담고 있기에 차등 원칙은 최소 수혜자에게 조금의 이익을 주었으니 심각한 경제적 불평등도 정당화된다고 주장하기보다는, 최소 수혜자를 포함한 사회 구성원 전체의 자존감이 유지될 수 있을 정도로 적정 수준 이상의 경제적 수준을 유지하는 데 기여하도록 작동할 것이다.

롤스 정의론이 구현하려는 민주주의적 평등 사회는 실력을 존중하지만, 실력만으로 사회 재화를 분배하는 실력주의 사회가 아니다. 롤스는 《공정으로서의 정의: 재서술》(2001)에서 "모든 시민이 적절한 수준의 사회적·경제적 평등의 토대 위에서 자신들의 삶을 꾸려 나갈 수 있게 하는" 사회를 기대한다고 말한다.

이런 사회는 롤스가 정의론이 추구할 가장 중요한 가치라고 주장하는 자존감이 충족되는 사회이다. 롤스는 《정의론》 67절에서 "자존감이 없다면 어떤 것도 할 만한 가치worth가 없어 보이며, 또한 어떤 것들이 우리에게 가치value가 있더라도 그것들을 추구할 의지를 상실하게 된다. 모든 욕망과 활동은 공허하고 헛된 것이 될 것이며, 우리는 무감각하고 냉소적인 상태에 빠지게 될 것이다. 따라서 원초적 입장의 당사자들은 어떤 희생을 치르더라도 자존감을 침해하는 사회적 조건들을 피하길 바랄 것이다" 라고 말한다.

롤스의 공정한 사회는 승자가 이익과 혜택을 독점하고 패자를 무시하고 지배하는 탐욕과 굴욕이 가득한 실력주의 사회가 아니다. 롤스가 꿈꾸는 정의로운 사회는 절차와 결과의 공정이 이루어져 사회 구성원인 시민들의 자존감이 보장됨으로써 사회 협력이 기꺼이 이루어지는 사회이다.

7. 정의로운 사회를 향한 첫걸음: 부정의 제거 경험을 통한 사회 협력의 경험 축적

롤스 《정의론》의 입체적 독해를 통해 잘 드러나듯이, 롤스가 추구하는 정의로운 사회는 실력주의 공정을 넘어 자존감을 보장하는 민주주의적 평등 사회다. 이런 사회로 나가기 위해서는 '절차-공정'의 절차에서 사회적 우연성뿐만 아니라 자연적 우연성까지 완화하고 무력화할 수 있도록 '인간 존중 비례'의 '결과-공정'을 결합한 '전체로서의 공정'을 사회 원리로 추구할 필요가 있다. 롤스에 따르면 이러한 과정은 정의로운 사회를 추구하려는 열망을 가진 사회 구성원의 합의를 통해 진행된다.

그런데 이러한 협력과 합의 과정이 한국 사회에서 가능할지 의

문이다. 입체적 독해가 잘 보여 주듯이 롤스 정의론이 추구하는 정의로운 사회로 나아가려면 어느 정도 정의에 대한 열망을 갖는 사회 구성원들이 필수적인데, 약육강식의 정글에서 각자도생을 통해 살아남으려는 개인주의화된 한국 사회 구성원들이 이런 정의의 열망을 가질 수 있을지 의심스럽기 때문이다. 희망을 상실하고 정의로운 사회라는 꿈을 상실한 사회에서 정의론은 작동할 수 없고, 정의로운 사회로의 여정을 시작할 수 없다.

왜 이런 절망의 시대에 봉착했는가? 각자도생의 태도를 극복할 수 있는 사회 협력 경험이 부재하기 때문이다. 어떻게 하면 사회 협력의 경험을 쌓아 정의를 향한 열망이라는 희망의 불씨를 살릴 수 있을까?

실력주의 공정은 각자도생의 태도에 기반을 둔다. 현재의 문제를 나 혼자 뚫고 나가야 한다는 원자화되고 개별화된 개인주의적 발상, 모든 것을 개인의 책임으로 몰아가는 신자유주의 분위기에서 실력주의 공정은 확산된다.

그런데 사회적·자연적 우연성이 초래하는 불공정이 각자도생으로 해결될 문제인가? 왜 우리는 여기서 이 문제를 혼자서 해결하려 하는가? 양질의 일자리가 적은 사회에서 양질의 일자리가 많은 사회로 전환하는 대안을 왜 외면하는가? 함께 해본 경험, 사회 협력의 경험이 없기 때문이다.

과거 기성세대는 민주화 과정에서 독재에 맞서 연대해 본 경험이 있지만, 청년세대, 이른바 MZ세대는 이런 경험이 거의 없다. 2016년 겨울의 탄핵 운동이 아마도 유일한 연대와 협력 경험이었을 것이다. 그런데 그렇게 집권한 새 정부가 제도 개혁을 통해 절차를 바로잡기보다는 조급한 마음에 보여 주기식 행보를 보였고, 이를 목도한 청년세대는 자신들의 공정 의식이 훼손되어 크게 실망한 것으로 보인다.

이런 실망감은 협력하면 손해라는 생각, 무임승차가 이익이라는 생각을 낳은 것으로 보인다. 또는 각자도생을 위해 투기의 한탕주의에 빠지거나 차선책으로 '절차-공정'에 집착한 것으로 보인다. 근대 철학자 홉스Thomas Hobbes는 《리바이어던*Leviathan*》(1651)에서 이렇게 무임승차하는 사람을 바보fool라고 부르지만, 사회가 사회답지 못하고 개별화·원자화된 집단에 불과할 때는 무임승차하는 사람이 가장 합리적일 수 있다.

입체적 독해는 《정의론》 3부 목적론의 자존감을 중시하면서 정의로운 사람, 협력 체계로서의 사회관이 전제된 사회를 정의론의 토대로 제시한다. 그렇다면 한국 사회는 어떻게 롤스가 제시한 민주주의적 평등 체제로 나아갈 수 있을까? 먼저 상호 협력이 유익하다는 사회관과 자존감을 중시하는 인간관을 정립할 필요가 있다. 사회 부정의를 제거하는 경험을 쌓고 협력이 유익

〈그림 1-6〉 아마르티아 센

〈그림 1-7〉《정의의 아이디어》 표지

하다는 인식으로 전환할 필요가 있다. 이를 위해 참고할 만한 논의는 경제학자이자 도덕철학자인 아마르티아 센Amartya Sen이 《정의의 아이디어》(2009)에서 제시한 '비교적 정의관comparative perspective of justice'이다.

센은 롤스처럼 이상화된 정의론을 제시하기보다는 명백한 사회적 부정의를 제거하는 사회 협력 경험을 축적하여 정의로운 사회로 조금씩 나아가는 '비교적 정의관'을 제시한다.[9] 비교적 정의관은 정의에 대한 열망이 부족한 사회에서도 정의 실현을 도모할 수 있는 전략이다.

---

9 센의 비교적 정의관을 롤스 정의론의 전 단계로 해석하는 사회관 논의는 다음 글을 참조하길 바란다: 목광수(2021), 《정의론과 대화하기》, 텍스트CUBE, 312~340쪽.

센의 비교적 정의관은 먼저 도덕 감정을 훼손하는 분명한 반칙과 특권에 함께 반대하고 저항하라고 말한다. 이런 부정의의 제거 경험을 통해 우리가 사회에 '빚진 자'라는 인식과 태도, 즉 한국 사회가 상호 협력체라는 인식을 확립할 수 있다. 롤스 식으로 말하면, 정의로운 사회에 대한 열망인 정의감을 형성할 수 있다.

한 개인이 성장하면서 얼마나 많은 돌봄의 신세를 지는가? 나를 양육한 부모님, 친척과 가족, 선생님과 친구, 선후배, 내가 이용하는 교통수단이나 물건을 만든 이 등의 많은 사람들 덕분에 나는 살아간다. 그런데 현대 자본주의는 이를 모두 화폐 경제의 교환으로 치환하면서 그 내용을 쏙 빼놓고 있다. 마치 나는 신세 진 것 없이 그 대가를 모두 지불했다고 착각하게 만든다.

정말로 나는 내가 지불한 만큼만 혜택받았는가? 겉으로 이뤄지는 화폐 교환이 전부인가? 우리 안에서 이뤄진 관계가 모두 화폐 교환으로 치환될 수 있는가? 정말 각자도생이 가능한가? 각자도생을 통해 나는 더 나은 미래의 삶을 이룰 수 있는가? 아니 현재 삶의 수준이라도 유지할 수 있을까?

이러한 물음에 진지하게 고민하면서 협력이 유익할 뿐만 아니라 우리가 사회에 '빚진 자'라는 인식을 정립하고 사회 협력의 경험을 축적하면서 협력 체계로서의 사회관과 인간관의 토대를 마련할 필요가 있다. 이 토대를 통해 정의로운 사회를 향한 공론장과 청사진을 논의할 수 있다. 우리는 모두의 자존감이 보장되는 정의로운 사회, 즉 롤스식으로 말하자면 '민주주의적 평등' 체제로 나아갈 수 있을 것이다.

부정의 제거를 통한 사회 협력의 경험을 축적하면서, 한국 사회가 넷플릭스 드라마 〈오징어 게임〉이 보여 주는 생사를 건 투쟁하는 약육강식의 정글이 아닌 자존감을 보장하는 사회 협력 체계로 나아갈 수 있다는 '꿈', '기대', '희망'을 품는다면, 차선의 실력주의 공정 사회가 아니라 최선의 민주주의적 평등 체제인 공정 사회로 나아갈 수 있다.

우리 모두 나 또는 내가 사랑하는 사람들이 살아갈 사회로서 각자도생의 무한 경쟁 사회가 좋은지, 자존감이 보장되고 인간다운 삶을 살아갈 수 있는 사회가 좋은지 생각해 보면서 좀 더 적극적인 태도를 가질 필요가 있다. 만약 후자가 좋은 사회라고 생각한다면 연대의 길, 협력 체계로서의 사회를 꿈꾸고 희망해 보자. 부정의 제거 경험을 축적하여 경제적 불평등을 완화하는 사회 제도와 무한 경쟁이 아닌 공존하고 연대할 수 있는 교육 제도를 마련하고, 사회 협력의 인식과 연대의 문화를 형성하는 실천의 첫발을 내딛어 보자. 정의롭고 공정한 미래 사회는 함께 걸을 때 도래한다.

더 읽을거리

김정희원(2022), 《공정 이후의 세계》, 창비

한국 사회의 최근 공정 담론을 분석함으로써 왜곡된 공정 개념 때문에 중요한 가치들을 놓치면서 담론이 갇혀 버린 현실을 보여 준다. 그리고 생산적이지 못한 공정 담론에서 새로운 가치, 예를 들어 관계적 존재론에 토대를 둔 '돌봄'으로 나아가자고 제안한다.

박권일(2021), 《한국의 능력주의》, 이데아

불평등은 참아도 불공정은 참지 못하는 한국 사회의 능력주의 또는 실력주의의 기원은 무엇이고 어떻게 나타나는지 실증적으로 분석한다. 그리고 실력주의에는 불평등, 차별, 혐오와 배제를 재생산하는 문제가 있음을 규명하고, 그 대안 논의를 모색하자고 제안한다.

목광수(2021), 《정의론과 대화하기》, 텍스트CUBE

롤스의 《정의론》을 입체적으로 독해함으로써 한국 사회의 문제들에 대안을 모색한다. 특히 현재 한국 사회에서 관심을 쏟아야 할 주제인 교육 정책, 환경·기후변화 정책, 기본소득 정책, 가족 정책, 주거 정책, 자존감, 정의로운 사회 등을 롤스의 정의론 관점에서 다룬다.

2장

젠더란 무엇인가?

갈등과 이분법을 넘어

신경아

1. 한국 사회 젠더갈등의 전개

2021년 4월 서울시장 보궐선거가 끝난 후 한국의 언론에는 '이대남', '이대녀'라는 새로운 조어가 등장했다. 각각 20대 남성과 20대 여성을 가리키는 말이다. KBS 출구 조사 보도에 따르면, 이 선거에서 국민의힘 오세훈 후보에 투표한 20대 남성이 44%, 20대 여성이 22%로, 남녀의 투표 성향이 대조적으로 나타났다. 이후 6월 국민의힘 당 대표로 선출된 이준석은 여성할당제와 남성군복무제를 차별이라고 주장하며 20대 남성들의 강력한 지지를 받았다. 이어 7월 20대 대통령선거의 당내 후보 선출 과정에서 유승민은 '여성가족부 폐지'를 1호 공약으로 내세웠고, 후보로 당선된 윤석열은 5개월 후 본선의 대표적 슬로건으로 이를 사용했다. 20대 남성들을 결집시키는 데 매우 효과적인 전략이라는 판단에서였다.

'젠더갈등'이란 '성별性別'에 따라 나누어진 집단이 서로 대립하는 현상을 가리킨다. 한국 사회에서 젠더갈등은 남성과 여성으로 구분된 두 집단 사이에서 발생하는 현상이다. 젠더란 다양한 성별을 포함하는 단어이지만, 최근 한국 사회에서 문제가 된 것은 청년세대를 중심으로 한 남성과 여성의 이분법적 대립이다. 이 현상은 군복무가산점제도 폐지에서 시작해 몇몇 인터넷 커뮤니티들에서 활성화되고 정치·사회적인 요인들에 의해 오프라인으로까지 확대되었다.

최근 한국 사회에서 진행되어 온 젠더갈등은 '남성 역차별론' — 남성이 오히려 차별받고 있다는 주장 — 에 근거한다. 그 배경은 1999년 군복무가산점제도가 헌법재판소의 위헌 판결을 받고 폐지된 후 일간베스트(일베)를 중심으로 나타난 안티페미니즘anti-feminism에서 찾을 수 있다. "군대 가서 고생한 남자, 편하게 놀면서 필요할 때만 권리를 주장하는 여자"라는 메시지가 온라인 담론에 등장했다.[1] 일부 남초 커뮤니티에서 '남성 피해자론'으로 증폭되며 성차별과 성폭력 문제를 제기해 온 페미니스트들과 대립했다.

1 윤보라(2013), "일베와 여성 혐오: 일베는 어디에나 있고 어디에도 없다", 〈진보평론〉 57, 42쪽.

한국 사회에서 2000년대 초반은 1990년대에 이어 가부장적 가족 제도를 해체하고 성차별적 관행을 규제하는 제도 개혁이 급속히 진행된 시기이다. 2001년 여성부 설립, 2004년 〈성매매특별법〉 제정, 2004년 성별영향평가제도 도입, 2006년 적극적 고용개선조치 도입, 2008년 호주제 폐지 등 노동 시장과 가족, 정부와 민간에서 성별 불평등을 초래해 온 제도와 관행을 바꾸기 위한 노력이 계속되었다. 동시에 여성의 대학 진학률이 상승하여 2009년에는 남성의 대학 진학률을 추월했다.

그러나 동시에 이 시기는 1990년대 말 외환위기 이후 경제 불안과 고용 불안정이 심화되고 사회경제적 불평등이 확대된 시기이기도 했다. 신자유주의 경제체제 속에서 개인들은 국가의 복지 정책보다는 자신의 능력과 경쟁력에 기대는 삶을 살아야 했다. 특히 청년들은 학교 졸업 후 일자리를 얻는 데 필요한 자격을 얻기 위해 많은 시간과 노력, 자원을 투입해야 했다. 그 결과 2006년 C 일보에서 '스펙'이란 말이 사용되기 시작했고, 2007년 비정규직 노동자의 저임금 실태를 고발한 《88만원 세대》(우석훈 · 박권일 지음)가 출판되어 청년세대를 가리키는 대표 명칭으로 자리 잡았다.

온라인을 중심으로 한 청년세대의 젠더갈등은 2015년 또 하나의 계기로 심화된다. '미러링' 사건이다. 2015년 6월 인터넷 커뮤니티 디시인사이드의 메르스 갤러리에서는 "여혐혐"(여성 혐오를 혐오한다)을 표방한 악플러에 대한 반격, 미러링이 시작되었다. "멸시에 지친 여성들이 메르스 갤러리 안에서 폭발한 결과"[2]로 해석되는 미러링은 예상보다 훨씬 더 큰 파장을 낳았고 사회적 주목을 받았다. 이후 2016년 5월 17일 서울 강남 한 음식점에서 20대 여성이 살해되는 사건이 일어났다. 이에 지하철 강남역 10번 출구 앞에서 여성에 대한 혐오와 폭력에 저항하고 안전 보장을 요구하는 시위와 추모가 계속되었다.

그러나 온라인에서 여성에 대한 혐오와 차별, 폭력적 발언과 집단적 공격은 멈추지 않았다. 대학 내 총여학생회가 폐지되고, 여성 경찰에 대한 비난과 공격이 반복되었으며, 사회적으로 알려진 인물들의 발언이나 행동, 광고나 콘텐츠물의 특정 표현을 남혐(남성 혐오)으로 고발하는 사건들이 꼬리를 물고 이어졌다.

대표적 사건이 2021년 7월부터 8월에 걸쳐 발생한 도쿄 올림픽 양궁 금메달 3관왕 안산 선수를 향한 비난이다. 당시 국민의힘 청년 대변인이 자신의 페이스북에 '안산 선수가 페미니스트 아니냐'고 지적하는 글을 게시한 후 인터넷 커뮤니티에서 집단적

2 윤보라(2015. 12. 16), "메갈리아의 '거울'이 진짜로 비추는 것: 그때 그 페미니즘 1화", 〈경향신문〉 플랫팀 여성서사 아카이브, https://m.khan.co.kr/national/national-general/article/202003161635001 (2024. 4. 29. 검색)

공격이 일어났다. 이유는 머리 스타일이 쇼트커트이고 여대 출신이라는 점과 함께, 과거 인스타그램에 "○○ 안 본 지 오조 오억 년" 같은 말을 썼다는 것이다. 이듬해 이뤄진 〈시사인〉의 조사에서 "오조 오억 년"이란 표현은 남혐과 관계가 없는 말이며, 20대 남성 중 다수는 그 의미를 모르거나 혐오 표현이 아니라는 사실을 알고 있었던 것으로 나타났다.[3] 정치인의 가짜 뉴스에 다수의 청년들이 호응했던 이 사건은 청년세대의 성별 대립이 얼마나 폭발성 강한 현상인지 보여 준다.

청년세대의 젠더갈등은 한국 사회에만 나타나는 것은 아니다. 1990년대부터 전 세계적으로 확산되어 온 백래시backlash 현상의 핵심에는 페미니즘을 향한 공격이 자리 잡고 있다.[4] 그러나 한국 사회의 젠더갈등은 청년이라는 세대에 집중되어 있으며, 범위나 강도, 지속성에서 매우 강렬하다.

이 글은 이러한 현상이 왜 일어났는지, 그리고 이 문제를 해결하기 위해서는 어떤 노력이 필요한지 탐색하는 데 목적이 있다. 이를 위해 먼저 한국 사회 구성원들이 지닌 성별 인식의 차이를 살펴본다. 그리고 이런 문제의식을 배경으로 '젠더' 개념이 무엇인지 알아본다. **사실 한국 사회를 비롯해 전 세계적으로 발생하는 젠더**

---

3 국승민 · 김다은 · 김은지 · 정한울(2022), 《20대 여자》, 시사인북.

4 신경아(2023), 《백래시 정치》, 동녘.

갈등에서 문제의 주요 원인은 '젠더' 개념에 대한 몰이해에서 찾을 수 있다. 이 개념을 정확히 이해한다면, 남/녀라는 두 집단으로 갈라져 대립해야 할 이유가 없기 때문이다. 그러므로 젠더 개념에 대한 명확한 이해는 젠더갈등을 해소하기 위한 열쇠라고 할 수 있다.

2. 한국 사회 구성원들의 젠더 인식

〈양성평등 실태조사 분석연구〉는 〈양성평등기본법〉에 따라 국가가 5년마다 실시하는 성평등 의식 조사 보고서다. 2021년 조사 결과에서는 한국 사회에서 성별에 따라 불평등하다는 생각은 줄고 있지만 여전히 여성과 남성 사이의 격차가 크며, 가족과 직장에서의 성별 불평등도 감소하기는 하지만 아직 성별 차이가 큰 것으로 나타난다.[5]

〈그림 2-1〉은 성평등 수준에 대한 주관적 체감도를 조사한 결과다. 남녀 모두 '우리 사회가 남녀평등하다'고 생각하는 경향이 증가하고, '여성에게 불평등하다'는 의견과 '남성에게 불평등하다'는 의견은 감소한 것을 볼 수 있다. '여성에게 불평등하다'고

5 마경희 · 황정임 · 이은아 · 문희영(2021), 〈양성평등 실태조사 분석연구〉, 한국여성정책연구원.

〈그림 2-1〉 한국 사회 성평등 수준에 대한 여성과 남성의 주관적 체감도

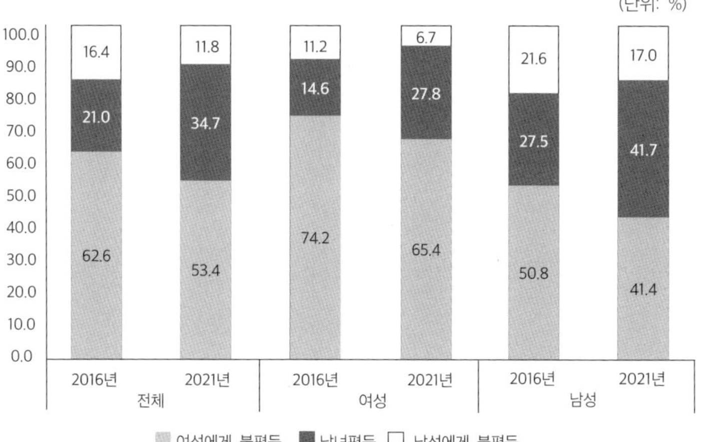

출처: 마경희 외(2021), 〈양성평등 실태조사 분석연구〉, 한국여성정책연구원, 84쪽.

생각하는 응답자는 2016년 62.6%에서 2021년 53.4%로 9.2%p 감소했고, '남성에게 불평등하다'고 생각하는 응답자는 2016년 16.4%에서 2021년 11.8%로 4.6%p 감소했다. 반면 '남녀가 평등하다'고 생각하는 응답자는 2016년 21%에서 2021년 34.7%로 13.7%p 증가했다.

그러나 성별 인식의 차이는 '여성에게 불평등하다'는 인식에 한정해 볼 때 이 두 시기 모두 23~24%p 수준을 유지하고 있다. 여성이 겪는 불평등에 대한 인식에서 남녀 사이의 격차가 줄지 않고 있다는 것을 알 수 있다. 특히 2021년에도 여성 응답자의 3분의 2

는 '여성에게 불평등하다'고 생각하는 것으로 나타난다. 성별 불평등에 대한 여성들의 문제의식이 매우 높으며 이것이 한국 사회의 중요한 사회적 과제로 등장해 온 것과 함께, 남성들의 동의 수준은 상대적으로 낮음을 알 수 있다. 이에 비해 '남성에게 불평등하다'는 인식은 2021년 남성 응답자만 봐도 17.0%에 그친다. 온라인에서 청년세대를 중심으로 나타나는 젠더갈등에 비해 전체 연령대로 확대한 오프라인 조사에서는 남성 역차별론이나 피해자론이 폭넓게 확산된 것은 아니라는 사실을 알 수 있다.

그렇다면 온라인상의 젠더갈등은 어떻게 전개되는가? 〈청년세대 '젠더갈등' 대응을 위한 성평등 정책의 과제〉(한국여성정책연구원)는 2021년 1월부터 8월까지 온라인의 여초/남초 커뮤니티에 나타난 젠더 이슈를 분석한 보고서다.6

〈표 2-1〉에서 여초 커뮤니티의 게시글에 자주 언급되는 키워드를 분석해 두 단어를 중심으로 맥락을 살펴본 결과, '남성_친구', '친구_남성', '생일_선물', '한남_여성', '여성_연예인'의 순서로 나타났다. 이성애적 친밀성에 관심이 높은 가운데, 남성에 대한 혐오 의식이 나타나는 것을 볼 수 있다. 이를 이슈별로 묶

6 김원정 · 김선아 · 정윤미 · 이성준 · 윤빛나리(2021), 〈청년세대 '젠더갈등' 대응을 위한 성평등 정책의 과제〉, 한국여성정책연구원.

어 보면, '젠더폭력', '일상생활', '결혼생활', '건강 · 몸', '친밀한 관계', '페미니즘 · 젠더갈등'이 추출되었다. 역시 일상생활과 친밀한 관계에 대한 관심과 함께, 젠더폭력과 페미니즘에 대한 문제의식이 제기되는 것을 알 수 있다.

이에 비해 남초 커뮤니티에서는'여성가족부_폐지', '여성_징병제', '차별_금지법', '여성_정책', '인종_차별'이 두드러졌다(〈표 2-2〉). 여초 커뮤니티에 비해 언급량이 많고 모두 정치적 이슈임을

〈표 2-1〉 온라인 여초 커뮤니티 상위 빈출 키워드(bigram)

순위	키워드	언급량	순위	키워드	언급량
1	남성_친구	431	16	여성_결혼	160
2	친구_남성	299	17	남성_연예인	158
3	생일_선물	288	18	남성_연애	155
4	한남_여성	244	19	아버지_어머니	154
5	여성_연예인	240	20	결혼_여성	153
6	여성_배구	224	21	친구_여성	148
7	남성_결혼	221	22	남성_연락	134
8	여성_친구	213	23	경찰_신고	134
9	인종_차별	206	24	연락_연락	133
10	친구_남친	198	25	결혼_결혼	132
11	남성_얼굴	194	26	남성_선물	129
12	결혼_남성	186	27	여성_혼자	128
13	남친_남친	173	28	남친_남성	127
14	어머니_아버지	171	29	소개팅_남성	124
15	여성_한남	169	30	연애_남성	123

출처: 김원정 외(2021), 위의 보고서, 22쪽.

알 수 있다. 이 중 압도적 숫자로 언급된 것은 '여성가족부 폐지'로 3,000여 회에 가깝다. 두 번째로 많은 것은 '여성_징병제'로 여성도 군대에 가야 한다는 주장이다. 남성만 군대에 가는 것은 역차별이라는 생각과 남성들만 피해를 입는다는 인식이 깔려 있다. 셋째는 차별금지법으로, 이 법이 통과되면 남성들이 더 이상 페미니즘에 반대 의견을 내지 못할 것이라는 생각으로 차별금지법 통과를 반대하는 주장이다.

〈표 2-2〉 온라인 남초 커뮤니티 상위 빈출 키워드(bigram)

순위	키워드	언급량	순위	키워드	언급량
1	여성가족부_폐지	2,939	16	남성_인권	292
2	여성_징병제	1,752	17	더불어민주당_여성	277
3	차별_금지법	1,070	18	여성_정치	276
4	여성_정책	879	19	남녀_갈등	275
5	인종_차별	624	20	남성_군대	271
6	여성_배구	570	21	여성_지지율	245
7	여성_군대	561	22	여성_가산점	245
8	페미니스트_남성	501	23	폐지_반대	244
9	젠더_이슈	366	24	머니_게임	243
10	남녀_평등	343	25	여성_결혼	238
11	여성가족부_장관	335	26	젠더_갈등	238
12	시민_단체	308	27	여성_우대	235
13	학교_폭력	301	28	군대_여성	229
14	페미니스트_정책	299	29	여성_사회	229
15	일본_여성	297	30	남녀_차별	227

출처: 김원정 외(2021), 위의 보고서, 31쪽.

남초 커뮤니티에서 제기된 젠더 이슈 관련 주요 토픽을 분석하면, '페미니즘 비판', '남성차별적 제도와 여성정책 비판', '젠더갈등 관련 정치권에 대한 비판 또는 지지', '일상생활의 에피소드', '남성의 잠재적 피해에 대한 우려', '대선 이슈로서 여성가족부 폐지에 대한 논의'로 나타난다.[7] 페미니즘과 여성정책에 대한 비판, 남성 역차별과 피해자 의식, 젠더갈등과 정당 지지의 연계, 여성가족부 폐지 등 정치적 발언들이 대부분인 것을 알 수 있다.

여초 커뮤니티의 젠더 관련 논의는 연애와 결혼 등 친밀한 관계와 일상생활 경험이 대부분이고 젠더폭력이나 인종차별과 관련된 글이 소수 나타난다. 이에 비해 남초 커뮤니티에서는 여성가족부를 중심으로 한 여성정책 반대, 여성 징병제 요구, 친여성정책을 표방한다고 알려진 정당과 단체 비판이 주를 이룬다. 상대적으로 남초 커뮤니티는 정치적 목적이 뚜렷하고 강력한 감정적 동질성을 드러낸다. 이를 바탕으로 보고서는 청년 남성이 하나의 이해 집단으로서 정치·사회적 영향력을 획득하고 주류 정치 집단에 압력을 가할 수 있게 되었다는 결론을 내리고 있다.[8]

한국 사회에서 젠더갈등은 특정 인터넷 커뮤니티를 중심으로 한 청년세

---

7 김원정 외(2021), 위의 보고서, 34쪽.

8 김원정 외(2021), 위의 보고서, 41쪽.

대 내부의 사건을 넘어 선거라는 정치권력 획득을 둘러싼 각축장으로 확대되어 왔다. 그 결과 청년 남성들은 보수 정당의 주요 지지 세력으로 부상하면서 동질적 감정 기제 아래 응집해 왔다. 여기서 주목할 점은 이 강력한 감정에 기반을 둔 정치적 힘이 청년 남성들의 상황을 개선하기보다 여성들을 향한 공격을 확장하는 데 동원되었다는 사실이다. 온라인에서 오프라인으로 퍼져 가는 과정에서 젠더갈등은 세대와 공간을 넘어선 사회 문제가 되었고, 정치권력의 획득과 직접 연결된 이슈가 되었다.

3. '젠더' 개념 다시 보기: 급진주의와 사회구성주의

젠더gender란 남자male와 여자female의 생물학적 차이에 근거를 두고 사회적으로 구성된 남성man과 여성woman이란 문화적 차이의 체계를 가리킨다. 영어 단어 'gender'는 'generate'(발생시키다)에서 기원했으며, 이는 종족 또는 분류라는 뜻을 가진 생물학 용어 'genus'(屬)와도 연결된다. 젠더란 남자와 여자의 생물학적 구분에서 시작해 그런 구분에 상응하고 그것에 기반해 형성된 사회적·심리적 차이라고 할 수 있다. 한국어에서는 이 말의 의미를 살릴 적절한 번역어를 찾지 못해 '젠더'라고 쓰거나 '성별性別'이라는 말을 사용하기도 한다.

그러므로 **젠더는 특정 사회에서 남성과 여성에게 기대하고 적합하다 고 믿는 남성적 · 여성적 태도와 가치, 행동 양식을 습득하게 만든 결과 개인이 갖게 되는 성적 태도나 정체성을 뜻한다.**[9] 아동의 양육, 사회화, 사랑, 결혼, 가족 구성, 출산, 가족 부양, 고령화 등을 포함한 사적 영역부터 정치, 경제, 문화, 종교, 미디어, 학교 등 모든 공적 영역에 작동하는 강력한 '체제'다. 젠더 연구Gender Studies는 '섹스(생물학적 성)가 어떻게 젠더라는 사회적 권력관계로 만들어지는가?'를 연구한다.

학술적으로 젠더라는 말이 처음 사용된 것은 1975년 발표된 게일 루빈 Gayle Rubin의 논문 "여성 교환: 성의 정치경제학에 관한 노트Traffic in Woman: Notes on the Political Economy of Sex"에서였다. 이 글에서 **루빈은 '섹스-젠더 체계sex-gender system' 개념을 사용했고, 이 개념을 '한 사회가 생물학적 성을 인간 활동의 산물로 변형할 때 작용하는 일련의 조치'라고 정의했다.**[10] "가부장 사회는 남성의 힘을 강화하고 여성의 힘을 약화시키는 데 도움을 주는 일련의 여성적 · 남성적 젠더 정체성을 구성하는 토

---

9 김현미(2014), 〈젠더와 사회구조〉, 《젠더와 사회》, 동녘.

10 Rubin, Gayle(1975), "Traffic in Woman: Notes on the Political Economy of Sex", In R. Reita(ed.), *Toward an Anthropology of Woman*, New York: Monthly Review Press, pp. 157~210.

대로 여성과 남성의 생리적 기능(염색체, 해부학적 구조, 호르몬 등)과 연관된 일부 사실들을 이용한다"는 것이다. 이러한 설명은 성性, sex이라는 생물학적 구분 이외에 사회문화적 성별性別, gender이라는 또 다른 구별 체계가 인간사회에 형성되어 작동해 왔으며, 사회문화적 성별은 생물학적 차이에 토대를 두지만 그것으로 환원될 수 없는 독자적인 체계로 발전해 왔다는 것을 의미한다.

그리고 인간의 삶에서 중요한 것은 생물학적 구분이기보다 사회적 성별체계(젠더체계)인데, 각 사회가 생물학적 차이를 해석해 온 방식과 내용에 따라 젠더관계도 달라져 왔다. 생물학적 성차를 강조하고 위계적으로 해석하는 사회에서 여성과 남성은 완전히 다른 지위와 역할을 부여받고 불평등한 관계에 놓이지만, 성차를 인간이 지닌 다양성으로 해석하는 사회에서 남녀는 서로 다른 존재로서 서로를 존중하는 수평적 관계를 맺을 가능성이 크다.

루빈 이후 젠더 개념은 페미니즘의 이론적 전개에 따라 다양한 갈래로 발전되어 왔다. 어쩌면 페미니스트들의 지적 작업의 중심에는 언제나 젠더 개념이 있었다고 해도 틀린 말은 아니다. 우리가 보통 젠더라고 부르는 것은 '섹스-젠더 체계'이며, 섹스와 젠더의 차원을 어떻게 정의하고 그 둘 사이의 관계를 어떻게 설정할 것인가에 대한 질문이 현대 페미니즘의 출발점이자 이론적 갈래를 나누는 분기점이기 때문이다.

급진주의 페미니즘radical feminism**은 성별 불평등을 사회 불평등의 가장 근본적인 차원으로 본다.** 그리고 성별 불평등의 원인을 생물학적 차이에서 찾는다. 그들은 신체적 차이라는 생물학적 특성이 여성과 남성의 위계를 만들고 여성의 억압을 초래했으며, 사회 전반의 억압과 불평등 관계로 확대되었다고 설명한다.

케이트 밀렛Kate Millet은 《성의 정치학*Sexual Politics*》(1969)에서 여성과 남성의 성적관계sexual relationship가 모든 권력관계의 패러다임이라고 주장했다. 그리고 가부장제 이데올로기는 여성과 남성의 생물학적 차이를 과장해 여성은 항상 순종적인 여성적 역할을, 남성은 항상 지배적인 남성적 역할을 담당하도록 만들어 왔다고 보았다.

슐라미스 파이어스톤Schulamith Firestone도 《성의 변증법*The Dialectic of Sex: The Case for Feminist Revolution*》(1970)에서 여성 예속/남성 지배와 관련된 성적·정치적 이데올로기의 물적 토대는 생물학적 특성에 있다고 보았다. 출산자라는 신체적 속성으로 인해 여성은 가정 내 양육 전담자가 되고 이를 정당화하는 제도와 규범, 의식이 형성되어 왔다는 것이다. 따라서 파이어스톤은 여성의 예속을 타파하려면 출산이라는 생물학적 기능을 여성의 몸에서 분리해야 한다고 주장했다. 자연적 출산 대신 인공 자궁 같은 인공적 출산

〈그림 2-2〉 시몬 드 보부아르

을 통해 생물학적 가족을 대체해 갈 때 불평등한 성역할의 토대를 해체해 갈 수 있다는 것이다.

생물학적 차이에서 성별 불평등의 근거를 찾는 이런 시도의 반대편에는 사회적 구성에 초점을 두는 이론들이 있다. **사회구성주의적 접근**이라고 할 수 있는 이런 논의의 기점起點은 시몬 드 보부아르Simone de Beauvoir의 책 《제 2의 성*Le Deuxième Sexe*》(1949)에서 찾을 수 있다. "여성은 태어나는 것이 아니라 만들어지는 것이다"라는 유명한 명제가 된 그녀의 주장이 이 책에서 시작되었기 때문이다.

보부아르에 따르면, 여성이 '여성'으로 되는 것은 생물학적 특

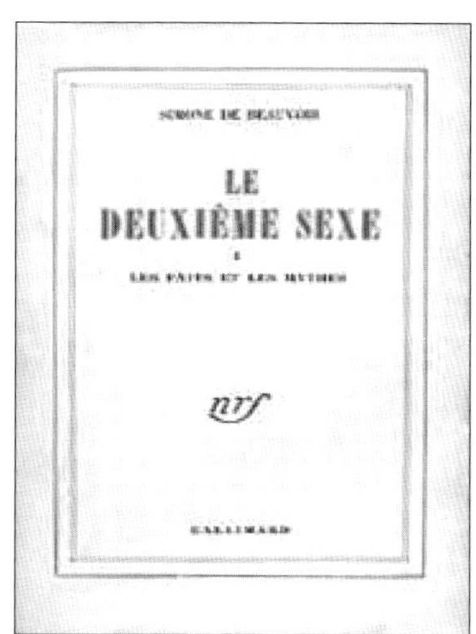

〈그림 2-3〉《제 2의 성》 표지

성으로만 결정되지 않는다. 그녀가 태어나 성장하고 살아가는 사회 속에서 '여성에게 적합하다'고 요구되는 의식과 행동, 성향을 내면화해 온 결과가 바로 '여성'이기 때문이다. 그러므로 사회에서 여성은 '되어가는 중becoming'에 있으며 **생물학적 여성을 사회문화적 의미에서 '여성'으로 만들어 가는 것은 각 사회의 정치경제적 조건과 문화적 규범이라는 사회적 맥락이다. 남성 역시 동일한 과정을 거쳐 규범적인 '남성'으로 구성된다.**

그런데 여성과 남성이 여성다움/남성다움을 내면화하는 사회적 맥락은 균등하지 않다. 가부장적 사회에서 남성중심적 가치와 규범이 지배적인 영향을 끼치는 가운데, 여성은 남성의 관점에서 기대되는 존재, 즉 타자성他者性의 시선 속에서 성장한다. 보부아르에 따르면, 가부장적 사회에서 남성은 자신을 '제 1의 성'으로 정의하면서 여성을 남성의 '타자the Other', '제 2의 성'으로 규정한다. 이런 '차이에 대한 과도한 의미화' 과정에서 타자에 대한 우월성을 내재한 남성성이 구성된다.

그러므로 "여성이 만들어진다"는 것은 남녀 간 구조적 불평등을 '자연스러운 것'으로 받아들이게 하는 과정이기도 하다. 이 과정은 차별, 불평등, 위계화를 내포하지만, 사람들은 이를 자연의 질서, 신의 창조물, 전통이나 관습, 문화라고 생각하고 권력의 문제로 인식하지 못한다. 그 결과 젠더 정체성은 가족, 학교, 미디어, 정치 등 다양한 영역에서 다른 사람들과 관계를 맺고 성장하면서 구성되지만, 남녀 모두 이 과정이 내면화된 억압의 결과라는 점을 인식하지 못한다.

4. 젠더 이분법 비판

젠더를 사회적 구성물로 설명하는 페미니스트들은 '젠더 이분법'을 비판한다. 젠더 이분법이란 젠더의 속성을 남성과 여성이라는 두 집단으로 가르고 이들을 대립적으로 설정하는 프레임이다.

대표적인 예가 대중 심리학 서적들에 나타난 성차性差에 대한 과장된 강조다. 2000년대 초 세계적 베스트셀러가 된 《화성에서 온 남자, 금성에서 온 여자》는 남녀의 심리적 특징을 극대화해 큰 인기를 누렸다. 그동안 개인들이 경험해 온 남녀 갈등이나 소통 문제를 생물학적·심리학적 차이로 환원하는 단순한 설명이 이분법적 도식에 잘 맞아 떨어졌기 때문이다. 오랫동안 지속된 이분법적 성별 정체성이라는 도식은 성별 차이를 과장하는 설명이 쉽게 받아들여진 인지적 환경이 되었다. 동시에 이분법적 대중 심리학은 성차를 강조하는 성별 고정관념을 강화하는 순환적 효과를 낳았다.

젠더 연구자들은 이분법적 젠더 관념을 강력히 비판한다. 인간의 삶은 여성의 삶과 남성의 삶이라는 두 영역으로 단순하게 나뉘지 않으며, 인간의 특성 역시 두 유형으로 나뉘지 않기 때문이다. 이분법적 젠더 관념은 인종이나 계급, 계층, 연령, 국가, 지역, 종교, 정치적 성향 등 수많은 사회적 요인에 의해 형성되는 여성들 사이의 차이와 남성들 사이의 차이를 배제하므로 현실에서는 존재하지 않는다.

성차의 생물학적 토대가 갖는 제한된 의미는 인류학적 연구에서 주로 다루어졌다. 현지 조사와 참여 관찰 등의 방법을 사용해 인류학자들은 각 사회에서 사회적 과정의 많은 부분은 여성과 남성의 차이보다는 서로 공유하는 역량에 기반을 둔다는 사실을 밝혀 왔다. 그들은 젠더의 사회적 과정에 고정된 생물학적 토대는 없으며, 젠더 유형은 각 사회의 문화적 맥락에 따라 다르고, 역사적으로 젠더 유형에 대한 매우 다른 방식의 사고들이 존재해 왔다고 설명한다.

한 예로, 동남아시아의 원시 부족사회에 대한 인류학적 연구들은 성별 구분이 둘이 아니라 여러 개임을 밝혀냈다.[11] 파푸아뉴기니의 후아Hua 사회에서 성별 정체성은 일생 동안 여러 차례 바뀌는 것으로 여겨진다. 특히 성인 남성은 나이가 들면서 여성의 심리적 · 생물학적 특성으로 여겨진 누nu를 더 많이 갖게 되어 여성과 비슷해진다고 이해된다. 인도네시아 술라웨시섬의 부기스Bugis 사회에서는 성별 정체성이 다섯 가지 범주로 나타난다. 남성적인 남자, 여성적인 여자, 여성적인 남자, 남성적인 여자, 양성적인 사제다. 인도의 히즈라hijra는 여성도 남성도 아닌 제 3의 성 또는 간성적intersex 존재로서 널리 알려져 있다.

이러한 연구들은 인간의 성별이 남/녀의 이분법으로만 나뉠 수 없으며, 사회적 맥락에 따라 젠더를 이해하는 방식이 달라져 왔음을 보여 준다.

---

11 김민정(2014), 〈인류학으로 젠더 읽기〉, 《젠더와 사회》, 동녘.

5. 젠더 경계 활동

배리 손Barrie Thorne은 《젠더 놀이*Gender Play*》에서 두 초등학교 학생을 직접 관찰한 결과 '젠더 경계 활동gender border work'의 중요성을 발견했다. 초등학교 교실에서 일상적으로 아이들은 성별에 구분 없이 어울려 놀지만, 교사나 성인들이 성별을 구분하는 신호를 보낼 때 그것을 따라 행동하면서 점차 성별로 나뉘어 행동하는 양상을 보인다는 것이다. 이러한 관찰을 통해 손은 "젠더 차이는 상황적"이라는 사실을 밝혔다. 어떤 상황에서는 젠더 차이가 만들어지지만, 다른 상황에서는 무시되거나 거부된다. 일상생활에서 소녀들과 소년들이 항상 대립적인 성역할을 수행하지는 않는다는 것이다.

이 같은 젠더 경계 활동, 즉 성별을 구분하고 성별에 따라 다른 행동을 수행하는 행위가 학교에서 활성화되면 '소년소녀들boys and girls'이 '소년들the boys'과 '소녀들the girls'로 분리된다. 젠더 경계 활동이 어린이들에게 성별 분리 의식을 만들고 대립적 관계로 확대될 가능성을 키운다는 것이다.

6. 몸과 젠더 위치

젠더 연구자들은 더 깊이 들어가 "우리의 '몸'을 어떻게 볼 것인가?"라는 질문을 제기해 왔다. 몸은 생물학적 차이가 집약된 장소이기 때문이다. **젠더 연구자들은 몸을 바라보는 두 가지 시선으로 '기계로서의 몸'과 '캔버스로서의 몸'이 있다고 생각한다.**[12]

'기계로서의 몸' 접근은, 신체는 젠더 차이를 만들어 내는 물질적 실체라고 규정한다. 성별 차이는 신체적 차이에서 발생한다는 생각이다. 이에 비해 '캔버스로서의 몸' 접근은 신체를 문화가 여성다움/남성다움이라는 젠더 이미지를 그리는 일종의 캔버스로 본다. 그러므로 몸이라는 생물학적 공간에 젠더라는 문화적 의미를 새겨가는 사회적 과정이 중요하며, 이런 과정의 형식과 내용은 사회마다 달라진다고 주장한다.

따라서 **사회적 구성성에 주목하는 젠더 연구자들은 젠더는 이분법적 틀이 아니라 다차원적인 것으로 이해되어야 한다고 주장한다.** 성별 구분과 함께 여러 가지 사회적 · 개인적 요인들이 교차되어 형성된 젠더 위치gender positions를 생산하는 메커니즘이라는 것이다.

---

12 래윈 코넬 · 레베카 피어스 지음, 유정미 옮김(2021), 《젠더: 젠더를 둘러싼 논쟁과 사상의 지도 그리기》, 현실문화.

주디스 로버Judith Lorber는 개인들에게 젠더는 생물학적 성sex의 구분뿐만 아니라, 젠더 정체성, 성적 지향과 취향, 일상적 젠더 관계, 결혼과 출산, 성별화된 성격, 젠더에 대한 신념과 자기표현 등 다양한 영역으로 구성될 수 있다고 보았다.[13] 그 결과 가능한 젠더 위치의 수는 수백 개, 또는 수천 개로 늘어날 수 있다.

7. 주디스 버틀러의 젠더 트러블

사회구성주의적 접근을 취한 페미니스트 중 섹스-젠더 개념의 연관을 가장 급진적으로 해체한 이론가는 주디스 버틀러Judith Butler다. 《젠더 트러블*Gender Trouble*》(1990)에서 버틀러는 보부아르의 '여성' 개념을 해체주의 관점에서 재구성했다. 버틀러에 따르면, 보부아르의 사회적 구성물로서 여성, 즉 젠더적 의미에서 여성은 반드시 생물학적 속성에 구속되는 것은 아니다. 오히려 "섹스와 젠더의 결합은 필연적인 것은 아니며 젠더는 섹스에 대한 다양한 문화적 구성이자 성별화된 몸이 야기하는 문화적 의미의 무수히 열린 가능성"으로 읽어야 한다.[14] 젠더 정체성은 특정한 사회문화적 구성 행위

13 Lorber, Judith (2005), *Breaking the Bowls*, W. W. Norton & Company.

14 주디스 버틀러 지음, 조현준 옮김(2008), 《젠더 트러블》, 문학동네(Butler, Judith, 1990, *Gender Trouble*).

를 통해 이루어진 수행perform의 결과라는 것이다.

인간은 그들이 속한 사회의 규범을 일방적으로 받아들이는 것이 아니라, 말과 행동, 생각을 통해 매 순간 규범을 따르거나 회피하며 살아간다. 이 과정은 그리 자연스러운 것도, 순조로운 것도 아니다. 사람들은 성별에 관한 사회적 규범에 따라 행동하지만, 그것에 쉽게 순응하기 어려운 사람들도 있다. 따라서 인간의 말과 행동, 의식을 통해 젠더 규범이 되풀이되고 강화되지만, 동시에 다른 한편에서는 규범을 수용하는 데 고통을 겪을 수 있다.

1990년 발간된 저서 《젠더 트러블》은 바로 그런 문제를 이론적으로 분석한 책이다. 버틀러의 해박한 철학 지식과 풍부한 상상력으로 완전히 새로운 관점을 제시한 이 책은 대중들이 읽기에는 매우 어렵다. 단순화의 위험을 무릅쓰고 이 책의 메시지를 간단히 정리한다면 이렇게 말할 수 있다.

"우리가 일상적으로 행동하고 말하고 생각하는 과정들, 즉 수행의 과정에서 사회적 젠더 규범은 만들어지고 강력해진다. 그러나 동시에 규범에 따르지 않는 사람들의 저항도 생겨난다. 규범 자체가 부단히 생성되고 사라지는 것이므로 어떤 것이 완전하고 고유한 젠더 정체성인지는 알 수 없다. 즉, 젠더 정체성의 원본原本은 없으며, 우리는 매일 일상 상황 속에서 스스로 젠더 규범에 따라 행동하거나 반대로 그것을 회피하고 때로 거부하면서 살아간다."

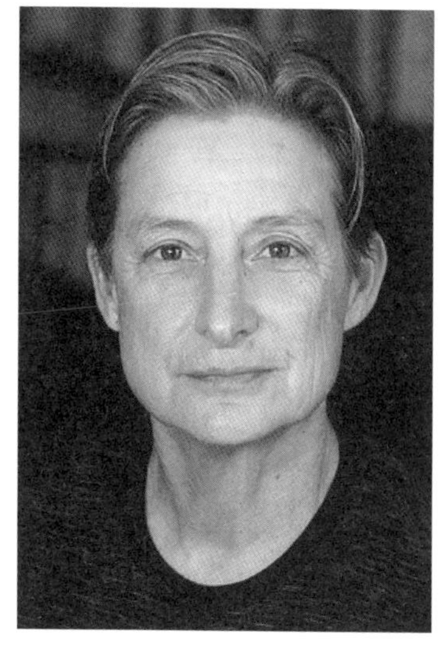

〈그림 2-4〉 주디스 버틀러[15]

〈그림 2-5〉《젠더 트러블》 표지

버틀러의 이론 작업은 섹스-젠더 체계에서 섹스(생물학적 성)와 젠더(사회적 성)의 연관을 해체하는 것이었다. 생물학적 성이 분명한 본질이라면 남성과 여성이라는 주체는 모두 안정적 존재일 것이다. 그러나 현실에서 인간의 성정체성은 다양한 모습으로 나타나며, 신체라는 생물학적 속성 또한 남/녀라는 이분법적 틀에 언제나 들어맞는 것이 아니다. 나아가 버틀러는 섹스라는 생물학적 범주도 젠더만큼 문화적으로 구성된 것이라고 주장한다. 섹스라는

15 https://en.wikipedia.org/wiki/Judith_Butler.

개념 자체가 근대 가부장적 사회의 생물학에서 구성된 것이기 때문이다. 그러므로 섹스는 자연적이며 젠더는 문화적이라는 관념, 섹스를 젠더의 근거로 보는 해석은 오류다.

여성, 남성처럼 성별화된 존재가 되는 데는 여러 경로가 있고, 긴장과 모호함이 나타나며, 때로는 불안정한 결과를 낳는다. 여성스러운 남성, 남자 같은 여자, 퀴어, 트랜스젠더 등이 그런 현상들이다. 따라서 버틀러는 젠더가 우리에게 '문제trouble'로 다가온다고 말한다. 그리고 성별화된 몸을 여성/남성으로 간주하는 이분법적 도식을 해체하고 규범적인 여성/남성으로 생산하는 지배 담론의 젠더 수행성을 중단시키는 이론적·실천적 노력이 필요하다고 주장한다.

젠더의 생물학적 근거는 없으며, 젠더 수행성의 원본 또한 없다는 버틀러의 주장을 효과적으로 증명하는 사례가 있다. 드래그drag, 남성의 옷을 입은 여성이나 여성의 옷을 입은 남성이다.16 드래그의 전복성을 보여 주는 한국의 사례가 '여성 국극'인데, 여성 국극은 1950년대 여성으로만 꾸려진 국악 뮤지컬이다. 당시 국극 배우들의 인기는 매우 높았다.

16 권순정(2013), "주디스 버틀러의 《젠더 트러블》을 통해서 본 '젠더'", 〈철학논총〉, 72권 2호, 215~240쪽.

사생팬 원조는 '여성 국극'에 있었다

f 가+

여성국극의 장면을 담은 포스터들. 왼쪽부터 시계 방향으로 배우 조금앵(왼쪽)씨와 박미숙씨가 출연한 1956년 작 <시집 안 가요>, 김경수(왼쪽)씨와 김진진씨가 출연한 1958년 작 <별 하나>, 임춘앵(왼쪽)씨와 김진진씨가 출연한 1951년 작 <공주궁의 비밀>. 배급사 '영희야 놀자' 제공

〈그림 2-6〉 여성 국극에 대한 기사[17]

여성 팬들의 열정도 뜨거워 오늘날의 '사생팬'과 다름없었다고 한다.[18] 주연이나 조연을 맡은 남장男裝 여성 배우들을 만나기 위해 가출한 여성이 적지 않았고 아예 극단에 들어와 뒷바라지하는 여성들도 있었다. 혈서로 쓴 연애편지는 다반사였고 형식적이지만 남장 여성 배우들과 결혼식을 올리는 여성 팬들도 있었다.

17 홍석재(2013. 4. 16), "사생팬 원조는 '여성 국극'에 있었다", 〈한겨레〉, https://www.hani.co.kr/arti/culture/movie/583094.html.

18 위의 기사.

여성 국극은 한국 고대사의 로맨스 신화를 극화한 〈무영탑〉, 〈선화 공주〉 등이 유명했지만, 〈공자 로미오와 줄리엣〉 같은 외국 번안 작품도 공연되었다. 1960~1970년대에 이르러 텔레비전이 보급되면서 인기가 줄었고, 남성 제도권 예술인들의 "싸구려 저질 예술"이라는 비난을 받으며 점차 사라져 갔다. 그러나 여성 국극은 드래그를 통한 수행이 젠더 정체성을 구성할 수 있다는 것을 명확히 보여 주었다.

8. 도나 해러웨이의 사이보그 선언: 젠더와 인간을 넘어

미국의 페미니스트 생물학자 도나 해러웨이Donna Harraway는 과학기술의 발전에 따라 새롭게 출현한 인공두뇌 유기체, 사이버스페이스, 디지털 기반 커뮤니케이션에 주목해 젠더 이분법을 넘어설 이론적 가능성을 제시했다.[19] 그녀의 시도에서 핵심적 개념은 '사이보그cyborg'라고 명명된, 기계cybernetic와 유기체organism의 결합이다. 생명공학과 커뮤니케이션 기술을 통해 변형된 몸으로서 사이보그는 젠더를 생물학

19 조지프 슈나이더 지음, 조고은 옮김(2022), 《도나 해러웨이》, 책세상(Schneider, Joseph, 2005, *Donna Harraway: Live Theory*).

적 토대에서 분리할 수 있는 이론적 가능성을 제공한다. 기술과학이 인간과 결합하면서 생물학적 남성male과 생물학적 여성female이라는 분류는 더 이상 의미가 없어지게 되었다는 것이다.[20]

> 사이보그는 우리 시대, 신화의 시대인 20세기 후반에 우리는 모두 키메라chimera로, 이론과 공정을 통해 합성된 기계와 유기체의 잡종, 곧 사이보그다. 사이보그는 우리의 존재론이며, 정치는 여기서 시작된다. 사이보그는 역사적 변환 가능성의 구조를 만드는 두 개의 구심점, 곧 상상과 물질적 실재가 응축된 이미지다. '서구'의 학문과 정치의 전통 — 인종주의적이고 남성 지배적인 자본주의의 전통, 진보의 전통, 자연을 문화 생산의 원재료로 전유하는 전통, 타자를 거울삼아 자아를 재생산하는 전통 — 속에서 유기체와 기계는 줄곧 경계 전쟁을 벌였다. 이 전쟁의 요충지는 생산, 재생산, 상상의 영토가 되어 왔다. 이 글은 경계가 뒤섞일 때의 기쁨, 그리고 경계를 구성할 때의 책임을 논한다. … 젠더 없는 세계를 상상하는 유토피아적 전통을 따르른다. … 사이보그는 포스트젠더 세계의 피조물이다.[21]

---

20 도나 해러웨이 지음, 황희선 옮김(2016), 《해러웨이 선언문》, 책세상, 75쪽(Harraway, Donna, 1985, *A Cyborg Manifesto*).

21 위의 책, 19~20쪽.

〈그림 2-7〉 도나 해러웨이

〈그림 2-8〉《사이보그 선언문》 표지

1985년 처음 출간된 《사이보그 선언*A Cyborg Manifesto*》은 당시 여성학은 물론 사회과학 전반에 충격을 주었다. 인간과 기계의 결합을 상상하며 새로운 존재론적 시각에서 세계를 바라보아야 한다는 주장을 당시 사람들이 충분히 이해하기는 쉽지 않았다.

그러나 40여 년이 흐른 지금 해러웨이의 예견은 현실이 되고 있다. 인간의 몸에 기계적 장치나 도구를 장착하는 일은 다반사이며, 인공 심장이나 인공 장기 등을 이식해 신체적 수명을 연장하는 의료적 조치도 흔한 일이 되었다. 또 우리의 일상생활을 돌아보면, 스마트폰이나 컴퓨터 같은 기술적 도구들이 의사소통을 포함한 활동 전반에서 중요한 매개가 되고 있다.

이런 변화는 인간이 생물학적 범주를 넘어 기계적 장치와 결합된 유기체로서 이전과는 다른 방식의 사고와 행동을 구현해 갈 수 있는 가능성을 연다. 젠더 역시 생물학의 이분법적 도식에서 벗어나 다른 인식과 행동 양식으로 변화할 수 있을 것이다.

해러웨이가 지향하는 세계는 젠더 이분법이 해체된 자유로운 사회다. 젠더란 사회적 성별 체계이므로 이런 개념조차 필요 없는 세계를 꿈꾸는 것이다. 사이보그는 기술과학 시대의 새로운 존재로서 젠더를 넘어선다. 사이보그는 철저히 서구의 모든 전통에서 벗어나 있다. 그렇기에 여성이나 다른 인종, 소외되는 존재들에 대한 새로운 문법이 가능해진다.[22]

나아가 **해러웨이에게 페미니즘은 단지 여성 인권에 국한되는 것이 아니다. 동물의 권리까지 확장되며 다른 소수자·인종·생명체를 대표하는 상징으로서 기능한다.**[23] 평생 개를 가족으로 여기며 살아온 그녀는 개의 시각에 대한 연구를 통해 환원 불가능한 차이를 인식하면서도 소통할 수 있는 방법을 탐구해 왔다. 이런 시도들은 인간과 동물, 기계의 결합관계를 통해 세계에 대한 새로운 지식의 가능성을 탐색하는 작업이며, 서구 백인 남성 중심의 세계관과 인식 틀에서 벗어나는 과정이기도 하다. 해러웨이는 "동물

---

22 이지언(2017), 《도나 해러웨이》, 커뮤니케이션북스.

23 위의 책, 10쪽.

및 기계와의 융합을 통해 서구 로고스의 체현인 (남성) 인간이 되지 않는 방법을 배울 수 있기"를 기대했다.[24]

9. AI 시대에는 젠더 이분법이 사라질 수 있을까?

포스트휴먼post-human은 정보기술, 나노기술, 생명공학, 인지과학의 발달로 유기체적인 것과 인공적인 것이 결합해 등장한 인간 이후의 존재자 또는 비인간 존재자를 가리킨다. 인공지능 로봇이라고 부르는 기술 혁신의 결과가 대표적인 예라 할 수 있다.

인류 최초의 인공지능 로봇은 2016년 홍콩의 핸슨 로보틱스가 만든 '소피아'이다. 이름에서 알 수 있듯이 소피아는 '여성' 휴머노이드로 제작되었다. 2017년 10월 25일 소피아는 사우디아라비아에서 로봇 최초로 시민권을 받았고, 한국에 와서 TV에 출연하기도 했다.

소피아에게 '여성'의 성별을 부여하고 여성의 성역할을 수행하도록 프로그래밍화한 것은 몸-테크놀로지-젠더를 결합하는 시도로서 포스트휴먼의 젠더화라 할 수 있다. 전 세계에서 만들어진

24 도나 해러웨이 지음, 황희선 옮김(2016), 《사이보그 선언문》, 책세상, 92쪽.

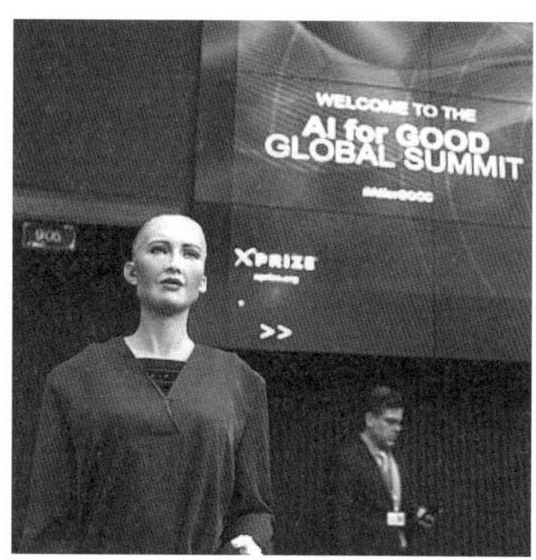

〈그림 2-9〉 인공지능 로봇 소피아

인공지능 로봇 중 여성으로 젠더화된 것들은 주로 마케팅, 리서치, 쇼핑, 패션, 데이트 프로그램의 에이전트 역할을 수행해 왔다. 최근 돌봄 노동을 수행하기 위해 개발되는 인공지능 로봇 역시 대부분 여성의 이름과 정체성이 부여된다. 이에 비해 법률 로봇이나 금융 에이전트는 남성의 모습을 띠고 남성적 행동을 하도록 설계되어 있다. 인공지능 로봇의 세계에서 더 뚜렷하게 성별 경계가 그어지고 성역할이 재생산되는 것이다.[25]

25 손희정(2022), "인공지능과 젠더 테크놀로지: 이루다 1.0 논란을 중심으로", 〈젠더와 문화〉 1권 2호, 67~94쪽.

소피아의 몸은 생물학적인 원초적 질료를 가지고 있지 않지만, 여성으로서의 표식을 드러내는 물질성을 가지며, 사회적 의미화 체계 내에서 여성으로 인식된다. 생물학적 여성이 아니지만 생물학적 여성의 범주에 견주어 여성으로서의 정체성을 부여받고, 섹슈얼리티를 내재하거나 표방하지 않지만 남성의 성적 욕망 대상이 된다.[26]

이처럼 인공지능 로봇의 세계에서 더 경직된 젠더 이분법이 되살아나는 것은 인공지능이 개발되고 제작되는 환경의 남성중심성에 있다. **주로 남성 개발자들로 구성된 로봇 제작실은 브로토피아 문화**Brotopia culture**가 지배적이며, 인간중심주의를 재현하는 데 기술 혁신의 목표를 두는 경향이 있다.** 따라서 의도하든 의도하지 않든 기존의 성차별적 기제를 끌어들이고 성별 고정관념을 강화하기 쉽다.

애플의 시리나 마이크로소프트의 코타, 아마존의 알렉사, KT의 지니 역시 여성의 목소리를 갖는다. 이들은 목소리뿐만 아니라 말씨와 톤까지 여성 서비스 노동자들을 연상시키도록 설계되어 있다. 친절한 말씨를 사용하고 감정 노동에 익숙한 현실의 여성 노동자를 모방한 것이다.

우리가 일상생활에서 자주 접하는 이런 프로그램들은 포스트휴

---

26 박선희(2019), "포스트휴먼의 젠더화와 관계론적 소외", 〈한국언론정보학보〉 94호, 65~91쪽.

면 시대에 오히려 젠더 이분법을 재생산하고 강화하는 결과를 초래할 수 있다. '소비자(사용자)-주인-남성'과 '인공지능-노동자-여성'이라는 이분법이 작동할 경우 젠더와 함께 계급, 인종, 연령 등의 위계가 개입함으로써 매우 차별적인 관계가 형성될 수 있다.

인공지능 로봇의 젠더화는 개발 과정에서의 인간중심주의, 남성중심적 사고와 함께, 자본주의 시장 경제의 상품이라는 요인이 작용한 결과라 할 수 있다. 많이 팔리기 위해서는 인간 친화적 기술이라는 이름 아래, 성별 고정관념에 들어맞고 이분법적 젠더 관념을 가진 사람들에게 불편하지 않은 존재로 시장에 등장해야 한다. 또 인간이 주인으로서 마음 편하게 명령하고 지배할 수 있는 위계적 관계를 쉽게 형성해 갈 수 있는 대상이 되어야 한다. 이런 목적 아래 인공지능 로봇의 젠더화는 계속되고 있다.

인공지능 로봇에서 나타나는 젠더 이분법은 오래된 성별 고정관념과 성차별적 문화를 답습하는 것처럼 보인다. 성차별적으로 젠더화된 인공지능 로봇이 이제 인간 사회의 젠더관계에 어떤 영향을 끼칠 것인가는 연구과제로 남아 있다. 청년세대를 포함한 인간 집단을 이분법적으로 나누어 대립시키는 상황을 끝내기 위해서는 로봇이나 게임 등 디지털 기술 기반 활동에서의 젠더 경계 형성에 대한 비판적 관점과 인지적 거리두기가 필요할 것이다.

10. 젠더 정의,
그리고 이분법을 넘어서는 상상의 필요성

지금까지 살펴본 것처럼, 젠더 개념은 여러 학자들의 연구를 통해 정의되고 확장되고 수정되어 왔다. 젠더를 섹스에서 분리하고 사회적 지평 위에서 조명하려는 시도들은 젠더 개념이 고정된 자연적 속성이 아니라, 사회적 맥락 속에서 변화되어 왔음을 밝혔다. 나아가 섹스라는 생물학적 개념도 고정된 진리의 영역이 아니라, 19세기 가부장적 사회의 남성중심적 학문의 토양 위에서 형성된 사회적 구성물로 해석되고 있다. 21세기에 들어 해러웨이는 젠더라는 이분법적 인간관 대신 인간과 기계의 융합, 인간과 비인간(인간 이외의 동물과 자연) 사이의 새로운 관계 설정을 통해 근대 문명의 인간중심적 사고가 갖는 한계를 넘어설 것을 주장해 왔다.

다시 처음의 문제의식으로 돌아가 한국 청년세대 젠더갈등의 원인과 결과를 생각해 보면, 젠더 개념에 대한 정확한 인식이 결여된 채 현실에 대한 왜곡된 판단을 기반으로 형성되어 정치적 목적으로 부추겨진 것이라고 할 수 있다. 이러한 갈등이 누구에게 이익이 되고 누구에게 피해가 될지를 따져 보면, 그것의 부당성은 분명해진다. **청년들 사이의 성별 대립이 거세질수록 정치적 응집**

력도 커져 결국 이익을 보는 이들은 정치 권력자들일 것이다. 반면 청년 여성과 남성은 혐오와 차별, 폭력의 감정에 더 자주 노출될 것이다. 그럴수록 소통과 이해, 공감과 협력의 기회는 줄어들 수밖에 없다.

그동안 여성운동의 실천과 정부 정책의 추진 결과 한국 사회의 성별 격차가 개선되어 온 것도 부인할 수 없다. 가부장적 제도와 관행, 문화가 많이 사라지고, 교육과 건강, 각종 고시 합격률 등 주요 사회지표에서 성별 격차는 축소되고 있다.

그러나 여전히 한국은 OECD 국가 중 가장 큰 성별 임금 격차를 줄이지 못하고 있고, 고위직에서 유리천장도 단단하게 지속되고 있다. 결혼과 출산이 여성의 경력 지속성을 위협하고 온라인과 오프라인에서 성폭력도 증가하는 추세다. 반대로 남성은 여전히 가족의 생계부양자 책임에서 자유롭지 못하며, 청년기에 들어서자마자 군복무 의무를 이행해야 한다. 성공한 남성 신화가 쏟아져 나오는 사회에서 경제력도 사회적 지위도 없는 남성들이 겪는 좌절과 분노는 더욱 커지고 있다. 혐오와 차별, 불평등에 대한 비판적 문제 제기보다 순응이나 선동을 부추기는 사회에서 남성들 역시 불행하다고 느낀다.

젠더 정의gender justice**란 성별에 관계없이 모든 인간은 기본적 자유와 권리를 평등하게 누리며, 공정한 기회의 균등이 보장되어야 한다는 인식이다. 젠더 정의를 실현하기 위해서는 성별 차이가 불평등으로 전환되는 사**

회구조적 기제를 찾아 해체해 가야 한다.

냅시 프레이저Nancy Fraser는 사회적 인정, 경제적 분배, 정치적 대표성에서 여성과 남성이 동등한 기회를 가질 때 젠더 정의가 실현될 수 있다고 보았다. 여성이 남성과 동등한 사회 구성원으로서 지위를 얻고, 경제적 소득에서 성별로 차별받지 않으며, 정치적 의사결정 과정에 동등하게 참여할 수 있어야 한다는 것이다.

그러나 현재 한국을 비롯한 어떤 사회도 완전한 의미에서 젠더 정의가 실현된 곳은 없다. 여성과 남성이 지닌 성별 차이가 어떻게 사회적으로 재구성되고 국가 정책에 의해 확대되는지에 대한 비판적인 사고가 그래서 필요하다.

이러한 맥락에서 한국 사회 청년세대의 젠더갈등이 정치권력에 의해 확대되어 왔다는 사실은 젠더 정의 구현을 더욱 강력하게 요청한다. 청년세대가 직면한 현실의 어려움을 주의 깊게 살피고, 여성 또는 남성으로서 짊어진 삶의 무게를 줄여 가는 것이 가장 필요한 사회 정책이 될 것이다.

더 읽을거리

시몬 드 보부아르(2021), 《제 2의 성》, 을유문화사

여성이 남성과는 다른 생물학적 존재로 태어나 사회 속에서 어떻게 '여성'으로 성장해 가는지에 대한 철학적·사회과학적 비판 의식을 담은 고전이다. 남성에 비해 열등한 성으로서 '제 2의 성'으로서 여성에 대한 사회적 인식과 규범이 어떻게 구성되어 왔고 어떤 효과를 생산해 왔는지 이론적으로 고찰한다.

도나 해러웨이(2019), 《해러웨이 선언문: 인간과 동물과 사이보그에 관한 전복적 사유》, 책세상

인간과 기계의 결합, 즉 기술과학이 인간의 몸에 접속되면서 형성된 사이보그가 종래의 생물학적 인간관에 전면적 변화를 가져오면서, 생물학적 남성과 생물학적 여성이라는 분류가 더 이상 의미가 없어질 것이라고 예고한다. 생명공학과 커뮤니케이션 기술을 통해 변형된 몸으로서의 사이보그 탄생을 예고하면서 젠더가 생물학적 구속성에서 벗어나는 이론적 가능성을 제시한 책이다.

래윈 코넬·레베카 피어스(2021), 《젠더: 젠더를 둘러싼 논쟁과 사상의 지도 그리기》, 현실문화

급진주의 페미니즘부터 사회구성주의 페미니즘, 에코 페미니즘까지 다양한 페미니즘의 갈래들이 '젠더'를 이론적으로 어떻게 정의하고, 어떻게 실천적 의제로 다뤄 왔는지를 설명한 책이다. 다양한 학자들의 젠더 개념과 이론, 사례 연구들을 상세히 소개한다.

신경아(2023), 《백래시 정치》, 동녘

최근 한국의 젠더갈등을 정치·사회적 맥락에서 다룬 책이다. 젠더갈등의 개념과 원인, 전 세계적 동향을 소개하고 한국 사회에서의 해법을 모색한다.

3장

공론장에 선 노동

이병훈

1. 노동 이슈의 각축적 공론장

한국 사회에서 노동 문제를 다루는 공론장은 언제나 치열한 각축으로 얼룩지고 있다. 노동 관련 정책이나 입법의 추진을 둘러싼 공론장에는 노동조합, 사용자 단체, 정부 및 정당, 전문가 집단, 언론기관 등과 같이 다양한 주체들이 참여하여 뜨거운 찬반 논쟁을 벌이고 때로는 극한적 대결 양상을 보여 주곤 한다.

노동 이슈의 각축적 공론장을 보여 주는 사례는 정부가 추진하는 노동 정책을 둘러싼 치열한 공방에서 쉽게 찾아볼 수 있다. 최저임금 인상과 공공기관 비정규직의 정규직 전환, 그리고 주 52시간 상한제 도입 등에 주력했던 문재인 정부의 노동 정책은 임기 초반에 "경제 성장을 저해하고 고용 쇼크를 야기한다"는 사용자 단체와 보수 언론의 거센 반발에 직면했고, 임기 후반에는 반대로 노동계로부터 "노동자의 삶이 나아진 게 없다"는 냉랭한 비판을 받았다.

윤석열 정부는 노동 개혁을 핵심 국정의제로 전면에 내세우며 친기업 정책기조에 서서 근로시간 유연화와 임금체계 개편 등을 일방적으로 추진 중이다. 이로써 노동계와 진보 진영의 강력한 저항을 불러일으키며 심각한 노정 격돌을 야기할 뿐만 아니라 뜨거운 담론 공방을 초래하고 있다.

박근혜 정부 시절에 추진되었던 노동 시장 개혁의 경우에도 개혁 방향을 둘러싸고 노사 간의 첨예한 입장 대립과 더불어 여야 정치권과 진보・보수 진영 사이에 벌어지는 찬반 논쟁이 당시 언론 등의 공론장을 연일 장식했다. 아울러 산업 현장에서 발생하는 노사 간 분쟁에 대해, 그리고 청년들의 취업난과 불안정 노동, 중대 산업재해 등과 같은 중요한 노동 이슈에 대해 진단하고 해결방안을 모색하는 전문가들의 토론에서도 그들 역시 상반된 입장에서 날 선 논쟁을 치열하게 벌이는 모습을 신문이나 방송을 통해 자주 보여 주었다.

노동 문제를 다루는 공론장은 노사정 간 사회적 대화를 비롯하여 노사 간 단체 교섭, 국회 차원의 입법 협상, 신문・방송의 주장 및 해설, 전문가 참여의 정책 토론회 등과 같이 다양한 형태로 진행되고 있다. 세계 어느 나라에서나 노동 이슈의 공론장은 통상 노사 간 이해 다툼, 정당 간 정책 경합 및 언론과 전문가들의 담론 대결이 중첩되어 펼쳐짐으로써 다중적 각축이 연출되기 마련이다.

특히 우리나라에서는 노동 이슈의 공론장에 참여하는 주요 주체들 — 노사정 및 정당 — 이 합리적 타협을 도모하는 성숙한 모습을 보여 주지 못하고 있다. 상호 불신과 소모적 힘겨루기, 그리고 과열된 대립과 갈등으로 점철되는 낡은 관행의 굴레에서 헤어나지 못하는 것이다. 노동 이슈에 대한 노사 간 이해 갈등과 정치권의 입장 대립이 상시로 표출되는 가운데, 언론과 전문가 집단이 가세하여 친기업적 보수 진영과 친노동적 진보 진영 사이에서 해당 이슈의 해결 방향을 둘러싼 담론의 각축을 더욱 과열된 양상으로 확대시키곤 한다.

그 결과, 노동 이슈의 공론적 협의에 참여하는 주요 주체들 간의 이해 갈등과 입장 대립이 그 이슈의 진단과 해법을 둘러싼 언론 및 전문가 집단의 담론 경합으로 이어지고, 다시 미디어를 통해 한층 가열된 담론 대결이 노사정 및 정당들 간의 정책 갈등을 더욱 증폭시키는 악순환을 연출한다. 이처럼 **우리 사회의 노동 이슈를 다루는 공론장은 이해 당사자들과 참여 주체들 사이의 불신과 대립 그**

리고 갈등 · 경합 · 대결로 가득 채워져 있다 보니 상생적 타협을 구현하는 성숙한 합리성을 찾아보기 어렵고 살벌한 각축의 수렁에 빠져 있는 것으로 현재 상태를 진단해 볼 수 있다.

이 글에서는 노동의 각축적 공론을 이해하기 위해 우선 노동 개념의 정의와 역사적 용례를 살펴보고, 자본주의 시대의 개막에 따른 노동의 상품화와 관련하여 제기되는 주요 논점들을 검토한다. 또한 한국 사회의 공론장에서 그동안 담론 각축의 초점이 되어 온 노동 이슈의 주요 단면들과 핵심적 당면 문제를 차례로 살펴보고 노동 이슈의 상생적 공론화를 위한 제언으로 마무리한다.

2. 노동 개념의 이해

《표준국어대사전》에서는 노동勞動, labor을 '사람들이 필요한 물자를 얻기 위해 육체적 또는 정신적 노력을 투입하는 행위'라고 정의한다. 노동이 인간 삶에 실로 크나큰 의미를 갖는 만큼 많은 학자들의 높은 관심 대상이 되었으며, 그들에 의한 다양한 개념 정의가 제시되어 왔다.

노동의 경제사회적 의의에 통찰력 있는 논의를 제시한 대표적인 사상가로 손꼽히는 마르크스Karl Marx는 노동을 '인간이 자연과의 상호작용을 통해 자신의 욕구 충족을 위해 수행하는 합목적적인 활동'으로 정의한다.

찰스 틸리Charles Tilly와 크리스 틸리Chris Tilly는 그들의 저서인 《자본주의의 노동세계》에서 선행 연구의 개념적 논의를 종합하여 노동이란 '사회적으로 가치 있는 재화와 서비스를 생산하는 인간 활동'이라는 정의를 제시한다. 그들의 정의에 따르면, 자신의 욕구나 필요를 충족하기 위한 사람들의 활동은 노동이 아니라 여가·취미 또는 자기 소비에 해당된다. 한편, 여성들이 수행하는 가사 활동의 경우에는 유급 노동, 즉 보상되는 노동이 아니긴 해도 가족 구성원들을 위한 사회적 가치를 창출하는 노동이라고 엄연히 인정될 수 있다. 이를테면 자신의 배고픔을 해소하기 위해 요리하는 것은 개인적 욕구 충족을 위한 소비 행위라는 점에서 노동으로 간주될 수 없지만, 가족을 위해 식사를 준비하는 여성들의 가사 활동은 식당에서 수행되는 유급의 조리 노동과 마찬가지로 노동의 범주에 해당되는 것이다.

종교·사상·문학의 많은 저술에서도 노동이 인간 생존을 위해 갖는 중요성에 대해 강조한다. 몇 가지 예를 들어보면, 중국 불교에서 선종을 일으킨 백장선사는 "하루 일하지 않으면, 하루 식사를 하지 못한다一日不作 一日不食"는 엄중한 가르침을 남겼다. 기독교 신약성서 〈데살로니가 후서〉에서도 "일하기를 싫어하는 사람은 먹지도 말라"고 훈계했다. 동서양 종교에서 공통적으로 사람들의 생존을 위한 노동의 당위성을 강조하는 것이다. 프랑스 소설가인 카뮈Albert Camus 역시 "노동을 하지 않으면 삶은 부패한다"고 밝혔을 뿐만 아니라 "영혼 없는 노동을 하면 삶은 질식되어 죽어 간다"는 명언을 남겼다.

한편 프랑스 사회학자인 르페브르Henri Lefebre는 노동이란 "사람들이 물질적이거나 정신적인 가치를 생산하여 자신의 욕구를 충족할 뿐만 아니라 사회적 관계를 만들어 가는 활동"이라는 복합적 의미로 정의한다.

영국 경제학자인 슈마허Ernst Friedrich Schumacher 역시 노동이 갖는 세 가지 목적으로 첫째, 인간 삶에 꼭 필요하고 유용한 상품이나 서비스를 제공하기, 둘째, 선한 청지기처럼 신이 주신 재능을 잘 발휘하여 타고난 각자의 재능을 완성하기, 셋째, 태생적인 자기 중심주의에서 해방될 수 있도록 다른 사람들에게 봉사하고 협력하기를 제시한다.

이같이 여러 학자들이 제기해 온 노동의 다중 의의에 대해 독일 출신 정치철학자인 아렌트Hannah Arendt는 그녀의 책 《인간의 조건》에서 노동labor과 일 또는 작업work, 그리고 행위action라는 세 가지 차원의 개념으로 구분하여 이론화했다. 그녀의 구분을 좀 더 살펴보면, 노동은 삶의 생존과 유지를 위한 생리적 필요를 충족하는 생산적 활동으로서

〈그림 3-1〉《인간의 조건》 표지

인간들이 생존하는 동안 그들의 소비를 위해 지속되어야 하는 특성을 지닌다. 아렌트는 일 또는 작업work에 대해 건축물, 공예품, 예술작품 등과 같이 자연적 소재를 인공적 산출물로 가공하거나 변화시켜 인류 문명을 만들어 온 인간들의 창의적 활동으로 정의한다. 행위action에 대해서는 공적 영역에서 사회적 관계를 형성·유지하는 의식적 상호작용을 통해 정치 참여와 사회적 정체성 확립, 그리고 의미·가치의 공유 등을 구현하는 고차원적 인간 활동으로 구분한다.

아렌트의 이 같은 구분을 서구의 역사에 적용해 보면 노동이 노예와 농노와 같은 피지배계급에 의해 도맡아 수행되고, 일과 행위의 경우에는 자유 시민과 귀족과 같은 지배계급이 담당한다는 계급적 신분 구획과 대체로 일치한다는 점에 주목할 필요가 있다.

노동에 대한 아렌트의 정의는 사실 동서양의 말뿌리에 의해 뒷받침됨을 확인할 수 있다. 동양의 경우 중국어 어원을 중심으로 살펴보면, 후한後漢 시대의 학자인 허신許愼(AD 58~148)이 저술한 것으로 알려진 최초의 한자 자전《설문해자說文解字》에서 노동勞動의 뜻풀이로 "힘써 무거운 물품을 다루는 것"을 제시한다.

대표적 표의문자인 한자漢字로 표기된 노동의 '勞'는 두 개의 불 화火와 힘(쓸) 력力으로 조합된 문자로 '불을 밝혀 밤새워 일하는 모습'을 형상화한 것이다. '動'의 경우에는 무거울 중重과 힘(쓸) 력力을 합친 형성문자로 '고된 일을 강제하다'의 의미를 표현한다. 특히, 동動의 일부를 이루는 '重'의 글자 모양에서 눈目을 칼辛로 상해하여 반항 능력을 상실케 한 종이나 노비를 지칭하는 형상을 나타낸다는 점이 흥미롭다. 따라서 중국 한자에서의 노동勞動은 일찍이 죄를 짓거나 전쟁에서 패해 종이나 노예가 된 하층 신분의 사람들이 육체적으로 고된 일을 수행한다는 의미를 그 말뿌리에서 찾아볼 수 있다.

대표적 유학자인 맹자孟子는 그의 저서《등문공 상滕文公 上》4장에서 "대인(높은 신분의 사람)의 일이 있고, 소인(낮은 신분의 사람)의 일이 있다. 마음을 수고롭게 하는(지적인 일을 수행하는) 사람은 남을 다스리고, 힘을 수고롭게 하는(육체노동을 하는) 사람은 남의 다스림을 받는다大人之事 小人之事… 勞心者 治人 勞力者 治於人"고 밝혔다. 맹자는 이 대목에서 소인들이 그들의 생산물로 대인을 '먹여 살리는 것을 천하의 공통된 도리'라고 밝히면서, 유교의 이상적 정치 질서로서 일의 성격에 따라 지배/피지배의 신분으로 구획하는 고대 중국 사회의 계급 체제를 정당화했다.

서양에서도 이와 비슷하여 노동labor의 어원이 되는 그리스어 Ponos, 프랑스어 Travail, 독일어 Arbeit는 고통, 역경, 고문, 노예의 일 등을 뜻하는 내용을 담는다. 반면 일work의 어원인 독일어 Werk와 프랑스어 œuvre의 경우에는 (아렌트가 구분하듯이) 자유인의 일 또는 작업을 지칭하는 것으로 확인된다.

그리스 철학자 아리스토텔레스Aristotle는 맹자와 마찬가지로 노예들이 육체적 고통과 심리적 아픔을 안겨 주는 노동을 맡아 수행하고, 자유 시민은 정치·학문·예술·종교 활동 등과 같이 품위 있고 고상한 활동을 담당하는 계급적 역할 분담이 바람직한 사회 구성 원리라고 주장한다.

서양의 또 다른 사상적 뿌리가 되는 기독교 구약성서의 〈창세기〉에서는 아담이 하나님의 말씀을 어기고 하와와 함께 뱀의 유혹에 빠져 선악과를 따먹고 "흙으로 돌아갈 때까지 평생 땅을 갈아 땀을 흘려야 먹고살 수 있도록 하는 징벌의 저주"를 받은 것이 고통 어린 인간 노동의 기원임을 밝혔다.

그러다 보니, 노르웨이 극작가 입센Henrik Johan Ibsen의 희곡 〈유령〉에서 주인공 오스왈드가 언급하듯이 "이곳(노르웨이) 사람들은 일이라는 것이 저주받은 노동이고, (노동을 통해) 자신들이 범한 잘못을 속죄하는 것이라는 가르침을 받으며 성장한다." 서양의 뿌리 깊은 신앙 세계에서 노동이 구원의 속죄를 위한 저주스런 족쇄라는 종교적 의미를 가짐을 이해할 수 있는 대목이다.

서구 사회에서는 근대로의 이행 과정에서 노동에 대한 새로운 인식이 등장했다. 계몽주의 사상가인 로크John Locke를 비롯해 헤겔Georg Wilhelm Friedrich Hegel과 마르크스, 그리고 베버Max Weber에 이르기까지 유럽의 대표적 사상가들이 노동의 가치를 재조명하여 근대 사회에서 생존과 정체성, 사회적 관계를 창출하는 사람들의 핵심 활동으로서 노동이 갖는 적극적 의의를 강조했다.

이를테면, 마르크스는 노동에 대해 인간이 신체 또는 지적 능력을 발휘하여 외부 세계의 변화를 이뤄 낼 뿐만 아니라 자신의 사회적 존재감, 즉 자아를 실현하는 활동으로서 값진 의의를 가진다는 점을 강조했다. 그는 자본주의 경제하에서 노동 본연의 가치를 구현하는 것을 가로막는 계급적 착취와 소외 문제를 극복할 수 있는 해방적 가능성을 갖는 프롤레타리아트, 즉 노동자 계급의 등장과 변혁적 역할을 부각시키며 사회주의 노동 운동을 이끌기도 했다.

베버는 그의 저서 《프로테스탄트 윤리와 자본주의 정신》에서 서구 사회가 자본주의 경제로의 순조로운 전환을 이루어 낸 것을 "영리 활동이 기업가들의 소명vocation이듯이, 노동을 노동자들의 소명으로 받아들이는" 인식이 마련되었기 때문이라고 주장했다.

이 같은 시각의 연장으로, 가톨릭 교황 요한 바오로 2세는 1981년 〈노동하는 인간Laborem Exercens〉이라는 회칙을 반포했다. 여기서 "노동은 인간이 자연을 변화시켜서 자신의 필요에 부응하게 하기 때문만이 아니라 스스로를 인간으로 실현시키기 때문에, 즉 '보다 인간으로 되기' 위해서도 인간에게 하나의 특전이며, 인간 존엄성에 상응하는 선善이 되어야" 한다는 점을 공식적으로 선언하기도 했다.

이상에서 살펴본 바와 같이 **노동은 개념적으로 사람들이 필요한 것을 생산하는 활동임에도 불구하고, 역사적으로 피지배 하위계급의 사람들이 도맡아 수행하는 것으로 인식되다가 서구의 근대화 시기에 이르러 인간 본연의 가치를 실현하는 탈계급적 의미로 재조명되었다.**

3. 노동 상품화를 둘러싼 주요 논점

자본주의 시장 경제로의 이행을 통해 자급자족의 가내 농경과 강제 부역, 소상품 생산 등으로 구성되었던 노동력 공급의 봉건적인 방식이 노동 시장에서 노동력이 상품처럼 거래되는 방식으로 전환되었다.

자본주의 경제하에서 노동력의 상품화가 제도적으로 확립된 것은 일하는 사람들이 이중적 자유를 얻음으로써 가능해졌다. 자본주의 시대에 누군가에게 고용되어 일하고 임금을 받는 노동자들이 전면적으로 등장한 배경에는 그들이 농노 또는 노예·종과 같은 신분상의 구속에서 자유로운 존재로 탈바꿈했으며, 이전 시대의 자급자족을 가능케 했던 생산 수단을 잃어버리는 또 다른 '자유로운'(?) 처지에 놓이게 만든 이른바 '원시적 자본 축적'의 역사적 사건들이 작용했다.

노동자의 이중적 자유를 낳은 역사적 사건의 대표 사례로는 가장 앞서 산업혁명이 전개되었던 영국에서 발생한 인클로저 Encloser 운동을 꼽을 수 있다. 양털 판매로 높은 수익을 얻기 위해 봉건 장원의 농경지 및 공유지를 전면적으로 목축지로 전환했던 인클로저는 16~17세기에 1차로, 18~19세기에 2차로 연이어 진행되었다.

〈그림 3-2〉 인클로저 운동[1]

《유토피아》의 저자로 유명한 토머스 모어Thomas More는 당시 인클로저에 대해 "온순한 양이 사람을 잡아먹는" 재앙의 사건으로 묘사했다. 실제로 인클로저는 중세 시대의 농경작 노동을 수행해 오던 농민들이 양떼들에게 쫓겨나 맨몸으로 도시의 공업지대로 옮겨가 자신의 노동력을 팔아 생계를 꾸려가는 산업 노동자로 변신하는 역사적 계기로 작용했다(〈그림 3-2〉 참조).

영국에 이어 서유럽을 비롯해 다른 대륙의 많은 나라에서는 자본주의적 산업화가 진행된 역사적 시점과 계기는 상이하다. 하지만 농촌 인구의 다수가 도시로 이동하여 산업 역군인 노동자들로 공급됨으로써 산업화가 본궤도에 오르게 되었다는 점은 거

1 〈한국경제〉(2013. 11. 15), https://www.hankyung.com/article/2013111547061.

의 비슷하다. 자본주의 시장 경제로의 전환과 산업화가 전개되면서 봉건 시대의 자급자족 농경에 온 가족의 노동력이 투입되었던 것과 달리 성인 남성이 가계 소득을 책임지는 유급 노동을 맡고 여성이 가사 노동을 담당하는 방식의 성별 역할분담에 기반하는 새로운 가족관계가 널리 자리 잡기도 했다.

자본주의 노동 시장 체제하에서 노동력이 상품으로 구매자(사용자 또는 자본가)와 판매자(노동자) 사이에서 거래되는 교환관계가 갖는 다섯 가지의 특성에 대해 영국의 대표적 고전경제학자인 마샬Alfred Marshall 교수는 그의 저서 《산업경제학》에서 다음과 같이 논의했다.

첫째, 노동자는 노동력을 판매하는 것이지, 그 자신을 판매하는 것이 아니다.

둘째, 노동력과 분리될 수 없는 노동자는 고용주의 지휘·감독을 받으며 일해야 하는 사실상의 지배-복종 관계에 있기 마련이다.

셋째, 노동력은 사용 여부에 관계없이 시간 경과에 따라 자동적으로 소모되므로 생계유지를 위한 '궁핍' 판매가 불가피하다.

넷째, 노동자들은 불리한 교섭 위치에 놓이기 쉽다.

다섯째, 노동력 공급 확대를 위한 인구 증가는 긴 시간이 필요하므로 노동력 공급은 자연히 경직성이 매우 크다.

노동력 상품화에 대한 마샬 교수의 이론적 논의는 미국의 진보경제학자들인 보울스Samuel Bowles와 진티스Herbert Gintis에 의해 자본주의 정치경제의 핵심적 하부구조로서 사용자와 노동자 사이의 경합적 교환contested exchange에 초점을 맞춘 심층 분석으로 이어진다.[2]

보울스와 진티스는 노동력이라는 상품의 핵심적 특성에 대해 그 거래가 성사되어 근로 계약이 체결된 이후에야 그 상품(노동력)의 상세한 활용 조건을 둘러싼 사용자와 노동자 사이의 각축이 벌어진다는 점에 주목한다. 다시 말해, 사용자는 (임금 수준과 기본적 노동 조건 등이) 명시된 근로 계약에서 더 많은 산출을 만들어 내기 위해 노동력 투입이 더 많이 이루어지길 요구한다. 반면 노동자는 같은 계약 조건하에서 자신에게 유리한 방식으로, 즉 덜 힘들게 작업하려 할 것이다.

이처럼 노동의 수행 과정에서 노사 간에 첨예한 이해 대립과 치열한 노력 교섭effort bargaining이 벌어진다. 그 가운데 사용자는 자신의 뜻대로 노동자들에게 일을 시키기 위해 다양한 통제방식(예: 강압, 보상, 규범)을 강구하여 적용한다. 노동자들 역시 이에

---

2 Bowles, Samuel & Gintis, Herbert(1990), "Contested Exchange: New microfoundations for the political economy of Capitalism", *Politics & Society* 18(2), pp. 165~222.

맞서 자신의 권익을 지키고 향상시키기 위해 여러 저항 수단(예: 노조 결성, 개별적 일탈 행동, 집단적 분규 행위 등)을 동원한다.

보울스와 진티스는 노동력 상품을 둘러싼 각축적 교환이 노사 간의 비대칭적 권력관계asymmetric power relations에 기반한다는 점을 자본주의 시장 경제의 또 다른 하위 토대로 설명한다. 대다수의 노동자들이 자신과 가족의 생계 벌이를 위해 자신의 노동력을 팔아야 하는 절박한 여건에서 사용자 또는 자본가에 의존할 수밖에 없기 때문에 불리한 협상 위치에 놓이기 마련이다. 자본주의적 산업화가 추진된 어느 나라에서나 노사관계는 애당초 기울어진 운동장과 같이 비대칭적 성격을 지닌다. 그러다 보니 자본가의 지나친 수익 욕구에 따라 노동자들에게 덜 주고 더 많은 일을 시키는 착취적 노동 관행이 비일비재하게 벌어지곤 했다.

이 같은 비대칭적 노사관계의 구조적 문제가 19세기 후반에 노동자들의 거센 저항과 사회주의 운동을 널리 촉발시켰다. 급기야 1917년 러시아 혁명을 촉발시킨 핵심적 배경 요인으로 작용했다. 또한, 자본가의 과도한 이윤 증식으로 사회 불평등이 심각해지면서 생산된 상품들을 소비할 수 있는 다수 노동자들의 유효수요를 확보하지 못한 상태에서 세계적 대공황이 발발했다.

사회주의 혁명과 대공황이 연이어 발생하며 자본주의 시장 경제가 절체절명 위기에 직면했다. 그 타개책으로 미국을 비롯한 서구 국가들에서는 노사 간의 비대칭적 권력관계를 편평하게 바로잡기 위해 노동자들의 노동조합 결성과 단체교섭 · 단체행동을 합법적으로 보장하는 뉴딜new deal의 노동 개혁을 단행했다. 따라서 **노동3권(단결권 · 단체교섭권 · 단체행동권)의 제도적 보장은 역사적으로 자본주의를 사멸 위기에서 구해 준 핵심적 안전판으로 이바지했다고 해도 지나친 말이 아닐 것이다.**

이에 발맞춰 국제노동기구International Labour Organization, ILO는 1944년에 "노동은 상품이 아니다"라는 제 1원칙을 담은 〈필라델피아 선언〉을 발표했다. 노동의 상품화를 전면 거부하는 이 원칙의 실현을 위해 적정 임금 소득과 근로 조건 보장, 단체 교섭 인정 및 노사 협력, 사회 보장 및 기본소득 보장, 노동 안전 · 건강과 모성보호, 기회 균등 등을 위한 국가 개입의 책무를 국제규범global standards으로 명시하고 많은 나라에서 정책적으로 시행하도록 독려했다.

그 결과, 노동권 보호의 제도화는 케인스주의 경제 정책, 보편적 복지 정책과 더불어 1950~1960년대 이른바 포드주의Fordism의 자본주의 번영기와 복지국가의 성장을 이루어 내는 데에 크게 이바지했다. 하지만 포드주의 전성기에 노동권과 사회복지 개선 혜택은 서구 선진국의 백인 남성에 국한했고, 주변 노동 시장에 속해 저임금 노동을 수행하는 여성과 이주민 등 소수자 집단, 그리고 비서구 국가의 노동자 대다수에 대해서는 적용되지 않았다는 점에 유의할 필요가 있다.

한편 1970년대의 두 차례 오일 쇼크를 겪으면서 만성적 경제 침체와 고실업 문제 등이 발생했다. 이를 명분 삼아 영국의 대처Margaret Hilda Thatcher 수상과 미국의 레이건Ronald Wilson Reagan 대통령이 표방한 신자유주의 구조 개혁 패러다임이 세계적 주도권을 장악하면서 시장 중심 탈규제 정책의 일환으로 노동 시장 유연화 개혁이 많은 나라에서 추진되었다.

따라서 1980년대 초부터 본격화된 신자유주의 세계화 시대에는 노조 조직률 하락과 더불어 노동 시장 양극화와 불안정 노동의 확산 등을 통해 노동 상품화 경향이 다시 강화되었다. 또한 고용 없는 성장과 산업 구조 변화, 디지털 혁신 등에 따라 새로운 형태의 취업자들 — 예를 들어 특수고용 종사자, 프리랜서, 플랫폼 노동자 — 과 인턴 · 조교 · 공익 활동 등의 신분으로 열정 노동을 수행하는 청년 집단과 같이 현행 법정 노동 보호의 사각지대에 놓인 신종 노동력 상품이 크게 늘어났다.

아울러 노동의 상품화에 대한 정책적 · 제도적 대응의 역사적 변천에도 불구하고 여성들의 가사 노동은 노동 시장에서 공식적 지위를 부여받지 못한 채 줄곧 사회적 가치를 제대로 인정받지 못했다는 점에 유의할 필요가 있다.

〈그림 3-3〉《게으를 권리》 표지

자본주의 노동 상품화를 전면 거부하자고 주장하는 반노동anti-work 담론은 지난 세기에 면면히 이어져 온 것을 발견할 수 있다. 이 운동 담론의 출발점을 마르크스의 사위이자 프랑스 진보주의자인 라파르그Paul Lafargue의 저서 《게으를 권리》에서 찾아볼 수 있다. 여기서 그는 반노동의 원칙을 다음과 같이 설파한다.

> 모든 일을 게을리 하세. … 사랑하는 이와 한잔 하는 일만 빼놓고. … 그리고 정말 게을리 해야 하는 일만 빼고. 프롤레타리아들은 자연의 본능으로 돌아가야 한다. 프롤레타리아들은 매우 형이상학적인 법률가들이 꾸며 낸 부르주아 혁명기의 인권 선언보다 천 배는

〈그림 3-4〉
《프롤레타리아여 안녕》 표지

> 더 고귀하고 신성한 '게으를 수 있는 권리'를 선언해야만 한다. 하루에 세 시간만 일하고 나머지 낮과 밤 시간은 한가로움과 축제를 위해 남겨 두는 습관을 들여야 한다.[3]

라파르그의 반노동 담론을 이어받아 《프롤레타리아여 안녕》을 저술한 프랑스의 진보사회학자 앙드레 고르Andre Gorz를 비롯한 유럽의 신좌파 그룹은 자본주의와 사회주의 모두 생산력 팽창에 주력함으로써 노동의 고통을 가중시켜 왔다는 비판을 제기했다. 그리고 노동 시간의 획기적 단축(예: 주 25시간 노동제)과 보편적

3 폴 라파르그 지음, 차영준 옮김(2009), 《게으를 권리: 폴 라파르그 글모음》, 필맥.

기본소득의 시행 등과 같은 파격적 해법을 강조하면서 탈생산력주의와 노동의 탈상품화를 지향하는 반노동 정치antiwork politics 운동을 활발히 전개해오고 있다(〈그림 3-4〉 참조).

4. 한국 사회의 주요 노동 이슈

한국 사회에서는 노동을 둘러싼 상반된 시각과 입장에 따른 담론 각축이 치열하게 펼쳐져 왔다. 한국 사회 공론장을 뜨겁게 장식해 온 담론 각축의 주요 노동 이슈들을 차례로 살펴보겠다.

우선 **노동의 호명과 관련된 담론 이슈로 노동과 근로의 개념적 사용을 둘러싼 각축을 손꼽을 수 있다.** 노동과 근로는 사람들이 일하는 것을 뜻하는 유사 개념임에도 불구하고 일제 강점기 이후 최근에 이르기까지 그 용어 선택을 둘러싸고 상반된 인식과 동기에 기반한 담론 대립이 표출되어 왔다.

〈그림 3-5〉는 노동자와 근로자를 각각 검색하면 나오는 이미지들이다. 일반적으로 근로의 개념이 순종적이거나 협조적인 태도로 근면하게 일하는 의미를 함축한다면, 노동의 경우에는 노동자들이 수행하는 고단한 일에 당당히 자신의 권익을 요구하며 투쟁하는 뜻을 갖는 것으로 인식된다.

〈그림 3-5〉 노동자와 근로자의 이미지 비교 (구글 검색)

검색어: 노동자

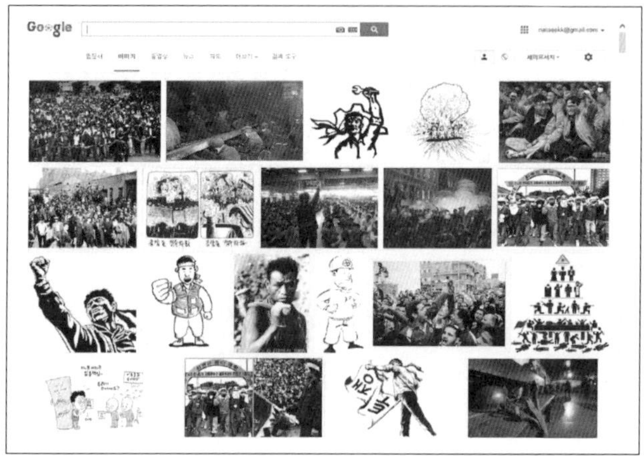

검색어: 근로자

따라서 국가 정책이나 기업 경영에 순응하는 노동자의 순종적 태도를 강조하고 규범화하려던 권위주의 시대에는 근로의 개념이 강조되며 널리 애용되었다. 실제로 '근로' 개념은 일찍이 조선 왕조의 관용어로 흔적을 찾아볼 수 있고, 일제 강점기에 법률·행정·교육·언론 등의 분야에서 공식 용어로 폭넓게 활용되었다. 해방 이후에는 박정희·전두환 대통령이 장기 집권했던 개발 연대(1961~1987)에 고스란히 계승되었으며, 현재에도 법전이나 행정 문서 등에서 여전히 사용되는 것을 두루 확인할 수 있다.

근로와 노동의 개념 각축의 대표적 예는 일하는 사람들의 노고를 기리는 기념일 명칭 변천에서 찾아볼 수 있다. 1886년 5월 1일 미국 시카고 노동자들이 노동 시간 단축을 요구하는 시위행진을 벌이다가 적잖은 수의 사상자가 발생했던 사건을 기리기 위해 그날을 메이데이Mayday로 지정하여 세계적으로 기념해 오고 있다.

우리나라에서는 1958년부터 대한노동총연맹이 창립일(3월 17일)을 기념하는 행사를 노동절이라 호명하며 진행했으나, 5·16 군사 쿠데타로 집권한 국가재건최고회의가 1963년 '근로자의 날'로 기념일의 명칭을 변경했다. 1987년 민주화 이후 노동계의 요구에 따라 1994년부터 뒤늦게 5월 1일로 날짜를 옮겨 같은 명칭(근로자의 날)의 법정 공휴일이 시행되고 있다.

1987년 노동자대투쟁을 거쳐 노동계가 정부의 통제에서 벗어나 자주적 사회운동으로 발돋움하면서 권위주의 정권하에서 행정 용어로 사용되어 온 '근로' 개념을 '노동'으로 교체할 것을 요구하기 시작했다. 이후 노동계는 매년 5월 1일을 노동절로 호명하며 독자적 기념행사를 시행하고 있다. 노동계와 진보 단체들은 법률·행정의 공식 용어로 사용되는 근로 개념을 노동으로 대체하기 위해 '노동 헌법' 개정, 즉 헌법 조항에서 명시되어 있는 '근로' 용어 표현을 노동으로 바꾸려는 공론화 노력을 지속적으로 기울여 오고 있으나, 경영자 단체와 보수 진영의 반대와 정치권의 무관심에 가로막혀 별 진전을 이루지 못하고 있다.

두 번째로는 노동 시장 개혁이나 산업 구조 조정에 관한 공론장에서 늘 노사 간 입장 대립의 뜨거운 감자로 부각되어 온 '유연성 대 안정성' 담론 각축을 살펴볼 필요 있다. 우리나라에서 노동 시장 개혁의 사회적 대화를 진행하거나 산업 또는 기업 차원의 구조 조정을 추진하는 경우 사용자가 줄곧 유연성을 주장하고, 노동조합 및 노동자 대표는 이에 결사반대하면서 고용 안정을 강력히 요구하여 첨예한 대결 구도를 연출하곤 한다.

〈그림 3-6〉에서 예시하듯이, 노동 시장의 유연성은 사용자가 기업 경영 환경의 지속적 변화와 불확실한 미래에 대비하여 노동력의 활용 방식(예: 인력 규모·노동 시간 및 임금·업무 배치 등)을

〈그림 3-6〉 유연성과 안정성의 상호관계

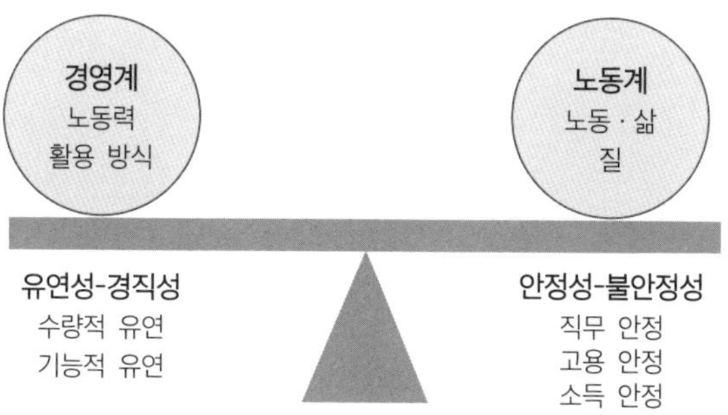

탄력적으로 조절할 수 있는 것을 의미한다. 반면 안정성은 노동자들이 노동 생활의 조건들을 일정하게 유지하도록 보장하는 것을 뜻한다.

통상 유연성과 안정성은 서로 대립되는 개념으로 인식되기 쉽지만, 그 상호 관계를 좀 더 깊이 들여다보면 상생적 접근의 길을 찾을 수 있다. 기업 경영의 입장에서는 자본주의 시장의 변덕스런 움직임에 대응하려면 노동력 활용의 유연성을 확보해 가는 것이 반드시 필요하지만, 유연성을 지나치게 추구하는 경우 노동자의 생활이 매우 불안정해진다.

역으로 노동자의 입장을 기준으로 생각해 보면, 그들 자신의 노동 생활과 가족의 생계를 안정적으로 꾸리려면 노동 조건(예: 직무, 고용, 소득, 사회 안전망 등)의 안정성을 확보하는 것이 중요하지만, 그 안정성이 과도하게 관철되는 경우에는 기업의 탄력적 경영을 심각하게 제약하는 경직성의 어려움을 안겨 줄 수 있다.

그런 만큼 노사 공존, 즉 함께 살기 위해서는 유연성과 안정성의 상생적 조합을 찾아내는 것이 중요하다. 실제로 유연성과 안정성을 균형 있게 통합하여 경제 위기를 극복하기 위해 상생적 노동 시장 개혁을 한 유연안정성flexicurity의 성공적 사례가 있다. 바로 1982년 네덜란드의 〈바세나르 협약〉과 1990년대 초 덴마크의 '고용-복지-적극적 노동 시장 정책'의 황금 삼각형 모델에 따른 노사정 대타협이다.

따라서 유연성과 안정성을 대립 구도로 인식하여 접근하는 노사의 소모적 논쟁이 노동 시장 개혁의 진전을 가로막아 왔다는 점을 그간 충분히 경험한 만큼, 서구의 상생 모델을 본보기 삼아 한국형 유연안정성을 모색하려는 공론화 시도가 절실히 요구된다.

세 번째로 노동 문제의 해법을 찾는 공론장에서 노사 간 자율과 규제의 상반된 입장이 충돌하는 장면을 자주 마주하곤 한다. 통상 노동관계법은 노동자의 권익 보호를 위해 사용자에 대한 다양한 규제와 의무를 제도화한다. 따라서 노동 개혁을 추진할 때 경영계가 기존 규제 완화와 기업의 자율적 관리감독을 요구하는 반면, 노동계는 늘 노동자들의 제도적 보호를 위해 기존 규제의 유지 또는 강화를 주장한다.

구체적으로 산업 안전(예: 〈중대재해처벌법〉), 일자리 창출과 유지(예: 청년 고용 의무와 법정 정년 보장), 차별 시정(예: 여성·지역 할당제와 블라인드 채용), 화물 운임(예: 안전 운임 대 표준 운임) 등과 같은 노동 정책 이슈들에 대해 자율 보장 또는 처벌 강화의 규제 개편 방향(규제 완화·연성 규제 대 규제 강화·경성 규제)을 둘러싼 노사 간 공방이 끊이지 않고 벌어지는 것을 쉽게 찾아볼 수 있다.

규제 방식에도 경영계가 민사상의 금전 보상 또는 변제를 선호한다면, 노동계는 형사 처벌을 강조하는 경향을 보인다. 아울러 단체 교섭(산별 교섭 대 기업별 교섭)이나 최저 임금 결정(전국 통일 대 지역·업종 차등)의 예를 통해서 확인할 수 있듯이, 노동계가 노동자들 간 경쟁을 회피하기 위해 통일된 집권 방식을 요구하고 있으나, 경영계는 기업들의 상이한 여건을 강조하며 분권화된 방식으로 수행되어야 한다는 주장을 고수하고 있어 노사 간에 상반된 입장 대립의 또 다른 모습을 보여 준다.

처벌 규제 일변도의 노동계 주장과 면피성 탈규제의 경영계 요구는 소모적 공방을 유발한다. 즉, 노동 문제의 합리적 해결책 찾기를 가로막고 그 문제의 미결 또는 장기화를 부추기는 경우가 적잖다는 점에 유의할 필요가 있다.

5. 극한 대립의 노동 공론장

한국 사회가 당면한 주요 노동 문제들의 해결 방향을 찾으려는 공론장에서는 빠짐없이 노사 간 입장 대결이 뜨겁게 표출되곤 한다. 여기서는 네 가지 노동 이슈를 중심으로 담론 각축의 주된 요지를 간추려 살펴보겠다.

1) 노동 시장 이중 구조의 해법 찾기

우리나라의 노동 시장은 성별·기업 규모·고용 형태의 분절선에 따라 임금 수준 및 기업 복지, 일자리 질, 노동 안전, 노조 조직화 등에 현저한 격차를 보이는 이중 구조의 문제가 매우 심각하다. 노동 시장 이중 구조의 심각성에 대해서는 노사와 진보·보수 진영 모두 쉽게 동의하지만, 그 문제 원인과 해결 방향에 대해서는 완전히 상반된 입장을 견지한다.

경영계와 보수 언론은 핵심 노동 시장에 속하는 대기업 정규직 노동자들과 그들의 노동조합이 과도한 임금 인상과 고용 경직성을 강요한다고 본다. 이에 따라 주변 노동 시장에 위치하는 비정규직이나 하청업체 노동자들의 보상 몫이 줄어들고 그들의 일자리 질이 열악해지는 것이라는 문제 진단을 제시한다. 반면 노동계와 진보 언론은 노동 시장의 이중 구조 문제가 재벌 대기업들이 불공정한 원·하청 거래를 통해 수익을 독식하며 저임금의 비정규직 인력을 남용하여 일어난 것이라고 주장한다.

이처럼, 노동 시장 이중 구조의 문제 원인에 대해 정규직 노조 책임론(경영계와 보수 진영)과 재벌 대기업 책임론(노동계와 진보 진영)이 맞서고 있다. 그 가운데 노동 양극화의 해법으로 전자가 대기업 정규직의 고용관계 유연화를 요구하는 반면, 후자는 취약 노동자 집단의 과감한 임금 인상과 노동 조건 개선을 주장하여 상반된 입장으로 대립하고 있다.

좀 더 구체적으로 살펴보면, 경영계는 정규직의 고용 유연화와 임금 인상 억제, 연공형 임금체계의 개편을, 노동계는 산별 교섭 의무화와 최저 임금 대폭 인상 및 생활 임금 도입 등을 각각 주장하여 노동 시장 격차의 개혁 방향을 둘러싼 소모적 대결 양상이 지속적으로 표출되고 있다.

일부 정치권과 전문가 집단에서 경영계의 상층 임금 낮추기와 노동계의 하층 임금 높이기를 절충적으로 통합하여 중간 수렴을 통한 상·하층의 격차 줄이기를 대안적 개혁 방향으로 제시했다. 그러나 노사 간의 완강한 대립 구도하에서 그리 주목을 받지 못하고 있다.

2) 비정규직 문제의 해결 방향

1998년 외환위기 직후 비정규직 일자리가 급격히 늘어나면서 비정규 노동의 남용과 차별이 우리 사회의 심각한 문제로 부각되었다. 비정규직은 정규직이 아닌 고용 형태에 속한 일자리를 통칭하는 개념으로 한시 계약직 또는 임시직, 단시간 노동 또는 파트타임, 파견·도급·위탁 등의 간접 고용, 종속적 계약자 등을 포괄한다.

비정규직 노동 문제에 관해 경영계는 정규직의 고용 경직성에서 비롯된 것으로, 노동계는 사용자의 과도한 고용 유연화에 따른 것으로 진단하고, 서로를 탓하고 있다. 상반된 문제 진단에 기반하여 경영계는 정규직 해고와 비정규직 사용을 자유롭게 허용할 것을 요구한다. 반면 노동계는 비정규직을 적정 사유(예: 출산 휴직, 노동 안전사고, 파견 근무 등의 이유로 정규 직원의 대체 필요)에 해당되는 경우에만 사용하도록 엄격히 제한하거나, 타당하지 못한 이유로 활용되는 비정규직의 정규직화를 그 해법으로 주장한다.

파견 근로와 기간제 및 단시간 노동자에 국한하여 〈비정규직 보호법〉이 제정되었지만, 그 법의 개정을 둘러싸고 노동계와 경영계의 소모적 논쟁이 지속되면서 제도적 개선과 보완이 제대로 이루어지지 못하는 형편이다.

3) 노동 시간 제도의 개편 방향

문재인 정부하에서 주 52시간 상한제가 도입되었으나 윤석열 정부가 노동 시간 유연화를 적극 추진하면서 노동 시간 제도 개편을 둘러싸고 뜨거운 논쟁이 이어지고 있다.

노동 시간 제도와 관련하여 노동계는 우리나라의 세계 최장 노동 시간을 주로 문제 삼으며 워라밸work-life balance과 '주 4일 근무' 등을 요구하면서 노동 시간 단축을 주장한다. 반면 경영계는 노동 시간 관리의 경직적 규제를 비판하며, 기업의 필요에 따라 노사 자율로 노동 시간을 탄력적으로 편성하여 시행할 수 있도록 현행 주 52시간 규제를 풀어 줄 것을 요구한다.

이처럼 노동 시간의 유연화 대 단축으로 대비되는 노사 간의 입장 대립은 그 이면에 일과 노동을 삶의 목적으로 받아들여 온 기성세대와 생활 수단으로 간주하는 젊은 세대 사이에 뚜렷한 인식 차이와도 겹쳐져 줄곧 노동 시간 제도 개혁을 다루는 공론장을 뜨겁게 달구고 있다.

4) 종속적 사업자들의 보호 방안

노동 시장의 구조 변동을 통해 기업에 고용되어 일하는 이른바 임금 노동자를 대신하여 "사장님도 아니고 노동자도 아닌"[4] 종속적 사업자들, 구체적으로 특수형태근로종사자(특수고용직, 특고)·프리랜서·플랫폼 노동자 등으로 호명되는 새로운 형태의 취업자들이 부쩍 늘어나고 있다(〈그림 3-7〉 참조).

종속적 사업자들의 두드러진 증가세는 우리나라만의 문제가 아니고 세계적 추이로 확인된다. 이 같은 노동 시장 변화에 대응하여 그 실태를 파악하기 위해 국제노동기구ILO가 2018년에 종속적 사업자의 종사상 지위를 공식적으로 인정하는 고용 통계의 새로운 국제분류기준International Classification of Status in Employment을 제정하여 공표하기도 했다.

문제는 이미 수백만 명에 달하는 종속적 사업자들의 경우 임금 노동자가 아니라는 이유로 노동 관계법과 사회 보험의 보호를 제대로 받지 못한다는 점이다. 이들에 대한 제도적 보호의 공백을 다루기 위한 입법 및 정책 협의가 20년 가까이 진행되었으나 노사 간의 현격한 입장 차이로 제도 개선이 거의 이뤄지지 못한 실정이다.

---

4 이병훈 외 지음, 박진희 사진(2013), 《사장님도 아니야 노동자도 아니야: 특수고용 노동자 이야기》, 창비.

〈그림 3-7〉 종속적 사업자와 비정규직 노동자

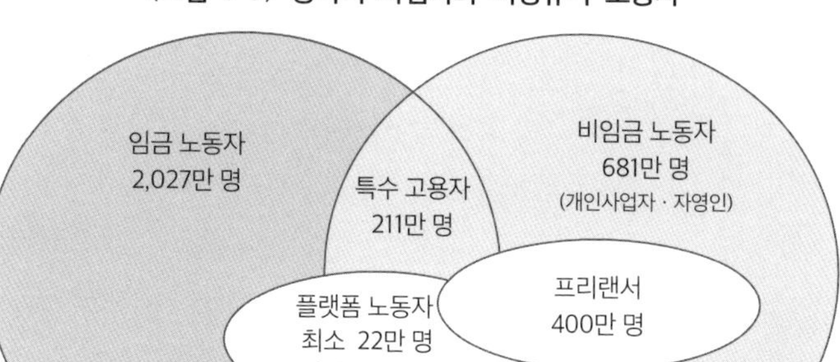

출처: 통계청(2018), 〈경제활동인구 부가조사〉 및 정흥준(2019)·장지연(2020)·김종진 외 (2021) 종합.

노동계에서는 종속적 사업자들의 노동자성, 즉 노동자로서의 신분을 인정하여 현행 노동관계법 및 사회 보험을 전면 적용해야 한다는 주장을 펼친다. 반면 경영계는 이들의 지위를 노동자보다 개인 사업자로 간주하여 사업자들 간의 공정 거래를 보장하고 이들의 협상력을 제고하는 방향으로 관련 제도를 보완하는 것으로 충분하다는 입장을 고수한다.

이같이 노사 간의 팽팽한 입장 대립으로 종속적 사업자 보호의 제도 개선이 교착 상태로 멈춰 있는 상황에서 법원은 이들의 노동조합 결성을 인정하는 판결을 연이어 내렸다. 또한 코로나19 재난 국면에서 전 국민 고용 보험 제도의 시행 등을 통해 이들의 지위 개선이 일정하게 이루어졌다. 그 가운데, 종속적 계약자를 포함하여 모든 취업자들의 기본적 노동 권익을 제도적으로 보장하려는 취지의 '일하는 사람을 위한 기본법' 제정의 필요성이 제기된다는 점이 특기할 만하다.

6. 상생적 공론화를 위하여

노동 이슈를 다루는 공론장은 노사 간의 이해 갈등, 정당 간의 정책 경합, 진보・보수 진영 간의 가치 대결이 중첩되는 이른바 3중 각축이 표출되기 마련이다.

우리나라 경제가 압축적 성장을 통해 자타가 인정하듯 선진국 수준에 도달한 것과 달리, 경제 성장에 크게 이바지해 온 노동자의 현실은 장시간 노동・산업재해 사망・임금 체불 및 노동법 위반・소득 격차 등의 지표에서 드러나듯이 아직껏 후진국 수준에 머물러 있다고 해도 지나친 말이 아니다.[5] 노사관계 역시 세계적

5 우리나라는 노동자 10만 명당 산업재해 사망자의 수가 OECD 평균에 비해 40% 높고, 노동 시간의 경우 2021년에 연 1,915시간에 달해 OECD의 평균(1,716시간)보다 199시간을 더 일하는 것으로 확인되었다. 성별과 고용 형태별 임금 격차에서도 우리나라는 OECD 회원국들 중에서 최고 수준을 보여 주었다. 그 가운데, 2022년에 노동자 23만 8,000명과 74만 3,000명이 임금 체불과 최저 임금 미

으로 갈등과 대립의 수준이 매우 높은 것으로 평가된다.

노동 현실의 후진성은 노동 이슈를 다루는 우리나라의 공론장이 생산적 협상과 상생적 타협을 이루는 성숙한 모습을 보이지 못하고 소모적 갈등으로 얼룩져 온 것과 무관치 않을 것이다. 노동 이슈의 공론장에서 노사를 비롯해 정치권과 언론, 전문가 집단은 서로 진영을 나누어 첨예한 입장 대립과 치열한 갈등에 매몰되어 왔다. 정작 노동시장 약자들의 제도적 보호와 격차 완화를 위한 실질적 진척은 이뤄 낼 수 없었고, 그 결과 후진적 노동 현실이 제대로 개선될 수 없었다. 따라서 우리나라의 후진적 노동 현실을 전향적으로 바꿔 가려면 상생적 공론장의 마련이 선결적으로 이루어질 필요가 있다.

노동 이슈의 상생적 공론화는 소모적 이해 다툼과 결사적 진영 대결에서 벗어나 합리적 이해 조율과 상호 존중의 타협을 성사시킬 수 있는 공론장으로 탈바꿈할 때 실현 가능할 것이다. 노동력 교환에 내재하는 노사관계의 태생적 이해 대립을 감안할 때

만으로 피해를 입었다. 전체 노동자들 중에서 적게는 30%, 많게는 50%가 〈근로기준법〉과 사회보험의 보호를 받지 못한다. 선진국들과 비교하여 노동법과 사회 안전망의 사각지대가 매우 넓은 것으로 밝혀졌다. 또한 우리나라는 노사관계의 국가 경쟁력에 대한 국제평가에서 줄곧 최하위의 성적을 보여 주었다. 단체교섭과 노조 조직률의 경우에도 선진국들 중에서 미국, 일본 등과 함께 노동자 권익 대변이 가장 취약한 나라로 손꼽히는 실정이다.

상생적 타협을 이루어 가려면 노와 사, 그리고 진보와 보수 진영이 서로 배격하고 적대시하는 낡은 입장에서 벗어나 상호 인정과 존중의 태도를 갖추는 것이 우선적으로 요망된다. 진영 논리에 사로잡혀 상대를 적대시하는 태도를 갖고서는 상생의 대화와 타협을 전연 도모해 갈 수 없기 때문이다.

또한 노사 간에 그리고 진보 · 보수 진영이 기존의 제로섬zero-sum게임에 매몰되거나 치킨게임식 적대적 대결로 치닫는 경우 노동 이슈의 상생적 해법을 만들기 어렵다는 점을 유념해야 한다. 양측이 상생할 수 있는 포지티브 섬positive sum의 게임 규범을 형성하고 성숙시켜 가기 위해 상생적 대화와 협상을 학습하고 실천하는 사회 · 정치적 풍토를 만들어 가는 것이 무엇보다 중요하다.

특히 1990년대 초반 우리나라에 도입된 사회적 대화social dialogue가 그동안 노사정이 자신의 필요와 이해관계에 따라 수단적으로 활용하려는 근시안적 태도로 인해 그리 유의미한 성과와 제도적 성숙을 이루어 내지 못한 채 유명무실화되고 있다는 점을 깊이 성찰하며 상생적 대화의 규범을 일구어 갈 필요가 있다.

최근 수년 동안 우리 사회에서 비정규직 전환과 여성 고용 할당, 최저 임금 인상 등과 같은 노동 정책 이슈들과 관련하여 공정성을 둘러싼 뜨거운 담론 각축이 진영과 세대 간에 벌어져 왔다. 이러한 점에 유념하여 공정과 정의를 폐쇄적 집단 논리나 배타적 행위의 근거로 내세우기보다 사회연대적 가치 규범과 상생적 포용성을 구현하려는 공론장의 논의를 의식적으로 활성화하려는 적극적 노력이 요망된다.

아울러 후진적 노동 현실과 대전환의 구조 변동(예: 기후위기, 디지털 혁신, 질병 재난 등)이 우리 경제와 사회의 지속 가능성을 심각하게 위협하고 있다. 이에 **노사정 모두 각자도생으로는 공멸한다는 위기의식을 갖고, 이 같은 거대 위협으로부터 크게 고통받는 취약 노동자 집단을 포용하여 구제하려는 사회적 책무 의식을 온전히 실천하는 것도 상생적 공론장을 진작시켜 나가는 또 다른 핵심 원칙으로 강조될 필요가 있다.**

더 읽을거리

베르너 콘즈(2007), 《코젤렉의 개념사 사전 10: 노동과 노동자》, 푸른역사

그리스·로마 시대부터 사회주의에 이르기까지 서구 역사에서 노동과 노동자의 개념적 인식을 차분하게 정리하여 제시한다. 사람들의 생존적 필요를 충족하기 위한 기본적 활동이자 자아실현의 핵심적 행위로 정의될 수 있는 노동의 개념적 인식이 고통의 부정적 의미에서 성취와 실현의 긍정적 의미로 바뀌어 온 역사적 흐름을 풀어 설명한다.

찰스 틸리 · 크리스 틸리(2007), 《자본주의 노동세계》, 한울

자본주의 노동세계에 대한 이론적 시각 및 분석 틀과 역사적 궤적을 상세히 검토하고 노동 현실이 보여 주는 다양성과 역동성을 구체적으로 살펴보며, 노동 시장 불평등과 노사분쟁 등의 현실 문제에 대해 체계적으로 설명해 준다. 그런 만큼 이 책은 노동사회학을 깊이 있게 공부하려는 사람들에게 매우 유용한 길잡이를 제공한다.

4장

이주·다문화 개념과 혼돈의 공론장*

설동훈

1. 한국 사회에서 이주의 의미

한국 사회 현실과 공론장에서 이주·다문화는 이제 중요한 부분을 차지한다. 이민 송출국이던 한국은 어느덧 이민 수용국으로 바뀌었고, 국내 체류 외국인은 200만여 명에 달한다. 이런 사회변동 과정에서 이주란 개념의 의미도 달라졌다. 1950년대에 이

* 이 글의 초고는 2023년 5월 25일 한림대학교 도헌학술원 키워드 한국 공론장 강좌에서 "이주민/다문화: 키워드 한국 공론장"이라는 제목으로 발표하였고, 그중 일부를 "이주와 다문화의 개념사"라는 제목으로 한국이민학회 학술지 〈한국이민학〉 제10권 제2호에 출판하였다. 이 글에서는 학술논문에 포함한 표와 그래프 및 참고문헌을 대폭 삭제하고, 국내 공론장에서 발생하는 개념의 혼란을 추가하여 분석하였음을 밝혀 둔다.

주는 피난민避難民을 가리켰고, 1960~1980년대에는 해외로 거처를 옮긴 동포를 주로 지칭했으며, 1990년대 이후에는 다른 나라를 떠나 한국에 살러 온 사람을 가리킨다.

이처럼 개념이 포괄하는 의미가 달라진 까닭은, '이주'를 발생시킨 사회적 상황이 달라졌기 때문이다. 이주는 원래 일상용어였지만, 점차 사회과학 개념과 법 · 정책 개념으로 발전해 왔다. 그러다 보니 이주 또는 그 하위 개념 의미가 종종 불명확한 경우가 발생하고, 이는 공론장에서의 혼란으로 직결된다.

2. 이주 · 다문화 개념

이주와 다문화란 무엇일까? 먼저 이주부터 살피기로 한다. **이주란 인간의 이동 전반을 가리킨다. 먼저 시간을 기준으로 할 때, 그 기간이 짧다면 방문 · 여행 · 관광이라 하고, 기간이 길고 거주지를 옮긴다면 이주라고 한다.** 전자는 관광학Tourism Science의 연구 대상이고, 후자는 이주학Migration Studies에서 다룬다. 또한 공간을 기준으로 국가의 경계를 넘는 이주를 국제이주(또는 이민), 한 나라 안에서의 이주를 국내이주라 한다. 이 글에서는 논의의 집중을 위해 흔히 이민이라 일컫는 국제이주만 다루기로 한다.

〈그림 4-1〉 축사에서 일하는 외국인 근로자[1]

국제이주는 UN에서 이주 기간에 따라 단기이주와 장기이주로, OECD에서는 수용국의 이주민에 대한 처우를 기준으로 한시이주와 영구이주로 구분한다. UN에서는 1년 이상 국경을 넘어 일상적 거주지를 옮기는 것을 장기이주로, 3개월(또는 6개월) 초과 1년 미만 동안 옮기는 것을 단기이주로 정의한다.[2]

그렇지만 현실에서 이주를 규정하는 최소 거주 기간 요건은 통일되어 있지 않다. 한국과 일본은 3개월 초과 거주를 이주 요건으로 파악하지만, 스웨덴·핀란드·프랑스 등은 1년 이상인 경우

1 한국산업인력공단(2018), 〈외국인근로자 선발을 위한 기능시험 홍보 동영상〉.

2 UN(1998), *Recommendations on Statistics of International Migration*, Revision 1, New York: UN, pp. 5~7, 10~15.

를 이주로 파악한다. 각국은 이를 〈이민법〉, 〈출입국관리법〉 등 법률로 정하므로, 최소 거주 기간을 획일적으로 정비하는 것은 불가능한 일이다. 그래서 보통 최소 3개월을 초과하여 삶의 근거지를 다른 나라로 옮기는 것을 국제이주로 파악한다.

UN에서는 이웃 나라로 출퇴근하는 국경노동자border workers, 3개월 이하의 계절노동자, 여행자, 경유자, 사업・친지 방문자, 의료 관광객, 종교적 순례자, 외교・영사 업무자와 동반 가족 및 피고용인, 주둔군과 동반 가족 및 피고용인, 유목민 등은 이주민에 포함하지 않는다. 그들은 실질적으로 거주지를 외국으로 옮기는 것이 아니기 때문이다.

OECD는 '국제이주에 관한 지속 보고 시스템Système d'Observation Permanente des Migrations, SOPEMI'을 구축해 운영하면서, 회원국의 이주민 수용 통계를 표준화하려 시도했다. OECD는 수용국에서 특정 이주민에게 '영구 정착 기회가 부여되어 있는지'를 기준으로 '영구이주'와 '한시이주'로 구분한다.[3] OECD는 이주노동자, 유학생, 연수생, 워킹 홀리데이 취업자, 계절노동자, 기업 주재원, 방문학자 등 체류 자격을 갱신할 수 없거나 제한된 조건에서

3 Georges Lemaitre, Thomas Liebig, Cécile Thoreau and Pauline Fron (2007), "Standardised Statistics on Immigrant Inflows Results, Sources and Methods", *Unpublished Report*. Paris: OECD, pp. 2~4.

만 체류 자격을 갱신할 수 있는 이주민을 '한시이주'로 규정한다.

즉, UN은 체류 자격 갱신에 제한이 있는 이주노동자, 유학생이 1년 이상 거주할 수 있는 체류자격을 가진 경우 장기이주로 분류하지만, OECD는 체류기간 상한과 무관하게 그들을 한시이주로 파악한다. OECD는 '영구이주'를 영구 정착이 가능한 이주민(영주이주permanent migration), 또는 체류자격 갱신 또는 체류자격 변경이 가능하여 영주권 취득 경로가 주어진 이주민(영주형 이주permanent-type migration)을 포괄하여 정의한다. 즉, 영구이주는 체류기간 제한이 없는 영주권자뿐 아니라, 영주권으로 이어지는 '영주권 트랙'에 있는 이주민, 자유 이동권을 가진 외국인(예컨대, 특정 EU 회원국에 거주하는 다른 EU 회원국 시민권자)을 포함하는 개념이다. 요컨대, OECD는 이주민 수용국 정부의 정책 의도를 고려하여 '국제이주에 관한 지속 보고 시스템'을 운용한다.

그렇지만 곰곰이 생각해 보면, UN의 단기이주와 장기이주, OECD의 한시이주와·영구이주라는 개념 구분은 정책 수립과 집행을 위한 통계 집계에 사용되는 것임을 알 수 있다. 현실에서는 단기와 장기, 한시와 영구와 같이 이주를 구분하는 기준선이 불명확한 경우가 종종 있기 때문이다.

일상용어에서 '이민자'는 영구이주를 가리키므로, 한시적 해외취업을 위해 외국으로 이주한 사람인 '이주노동자'와는 뚜렷이 구분된다. 즉, OECD

분류와 마찬가지로, 일반 언중은 '이주노동자'를 한시이주, '이민자'를 영구 이주로 분류한다. 더욱이, 이주민 수용 국가의 정부는 '이민자'와 '이주노동자'에게 별개의 사증을 발급함으로써 그 구분을 명확히 하려 시도한다.

그렇지만 실제에서 그 정부의 정책 의도가 명확히 관철되는 것만은 아니다. 예컨대 1950년대 말부터 1970년대 초까지 서유럽 각국은 한시적 고용계약을 체결하고 이주노동자를 도입했는데, 이주노동자 중 일부는 자국으로 돌아가지 않은 채 현지에 영구 정착했다. 이와 유사하게, 구한말부터 일제 강점기까지 육체노동자로 한국에 들어온 중국 산둥성山東省 출신 쿨리苦力, coolie 중 일부도 한반도에 정착하여 화교華僑 집단을 형성했다. 이 두 사례를 보면, 법 · 제도 · 정책과 현실이 꼭 일치하는 것이 아님을 알 수 있다.[4] 그래서 이주노동자와 이민노동자의 구분이 무의미하다는 주장도 있다.[5]

이어서 다문화 개념을 살펴보겠다. 사회학에서 문화란 사람들이 당연히 받아들이는 가치 판단의 기준이다. 다문화는 그런 기준인 문화가 복수로 존재하는 것을 뜻한다. 즉, '다문화'는 언어 · 문화 · 관습 · 성별 · 종교 · 직업 · 계층 · 인종 등의 차이에 의해 발생하는 여러 문

4 설동훈(2000), 《노동력의 국제이동》, 서울대학교출판부, 121~124, 144~147, 186~189쪽.

5 설동훈(1994), "국내 거주 이민노동자의 생활실태", 〈포럼 21〉 10호(여름), 72~95쪽.

화를 의미하고, 그런 특성을 간직한 사회를 '다문화 사회'라 한다. 국내 언론에서 "OECD 기준 국내 외국인 비율이 5% 이상이면 다문화·다인종 국가"라는 주장을 종종 접하는데, 이 주장은 명백히 오류다. OECD는 다문화·다인종 국가 기준을 설정하지 않기 때문이다.[6]

오랫동안 단일 민족의 신화를 간직해 온 한국 사회는 20세기 말부터 다문화 사회로 급속히 변모해 왔다. 한국 사회가 동질적 문화를 가진 사회에서 이질적 문화를 아우르는 다문화 사회로 바뀐 직접적 원인은 이주민의 유입에서 찾을 수 있다. 사람은 자기 출신국을 떠나 다른 나라로 이주하더라도 원래의 문화를 간직한 채 새로운 사회에 적응하는 것이 일반적이다. 기존 한국인과 이주민 간에 다양한 형태의 문화 교류가 이루어지면서, 이주민은 한국 문화와 소통하는 존재로 자리 잡아 왔다.

이주민의 유입으로 여러 문화적 배경을 가진 사람들이 한국 사회에서 생활하면서 다양한 갈래의 문화접변文化接變, acculturation이 이루어졌다. 그 결과 오랜 기간 동질적 문화를 유지하던 한국 사회는 점차 다문화 사회의 모습을 띠기 시작했다. 2022년 한국의

---

6 Chaloff, Jonathan(2023), "Planning Migration: Policy Intentions and Real-World Consequences in OECD Countries", Paper presented at the Korea Population Forum 2023, Convention and Exhibition Center(COEX), Seoul, Korea(2023. 12. 20); 김연진(2023. 11. 13), "인터뷰: 설동훈 전 한국이민학회장 '한국은 다문화 국가, 아직 다인종 국가는 아니다'", 〈주간조선〉 2783호, 30~31쪽.

〈그림 4-2〉 OECD 회원국의 총인구 중 외국출생인구 비율(2012, 2022)

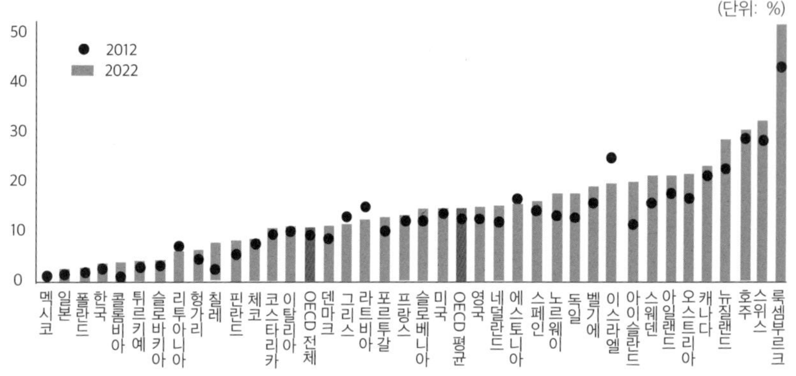

주: '2012년 또는 근접 연도', '2022년 또는 최근 연도' 자료다. 'OECD 평균'은 그림에 표시된 비율의 산술평균이다. 일본과 한국은 외국 출생 인구를 보고하지 않으므로 '외국인 인구'를 대신 사용했다.

출처: OECD (2023), *International Migration Outlook 2023*, 47th Edition, Paris: OECD, 48쪽.

총인구 중 '외국인 인구' 비율은 3.5%로, 같은 해 OECD 회원국 전체의 총인구 중 '외국 출생 인구' 비율 10.6%보다 훨씬 낮다.[7]

다문화 상황은 옳거나 그르다, 좋거나 나쁘다 등의 가치를 부여하는 문화적 기준이 여러 개로, 병렬적으로 존재함을 의미한다. 이러한 상황에서 사람들은 가치관 혼돈을 경험하고, 때로는 문화 갈등이 발생한다. 문화 갈등은 '비공식 규범 간 충돌'과 '법·제도와 비공식 관습 간 충돌'의 두 유형으로 구분할 수 있다. 즉, 기존 한국인과

7 OECD (2023), *International Migration Outlook 2023*, 47th Edition, Paris: OECD, p. 48.

이주민 간의 도덕규범·가치관 차이에서 비롯된 갈등과 한국의 실정법과 이주민 출신국의 문화적 관습 차이에서 발생한 갈등은 그 양상이 다르다. 전자는 상호 이해 수준을 높임으로써 해소 가능성을 찾을 수 있지만, 후자의 경우 사정이 다르다. "로마에 가면 로마의 법에 따르라"라는 속담이 있듯이, 한국에서 생활하는 이주민이 한국 법에서 금지하는 행위를 하는 것이 출신국의 문화적 관습이라는 명분으로 정당화되기는 쉽지 않기 때문이다.

다문화 사회에 진입한 한국에서는 근친혼近親婚, 중혼重婚 금지 규범에 대한 도전이 가끔 발생했다. 한국의 〈민법〉은 8촌 이내의 혈족, 4촌 이내의 인척 사이의 혼인을 금지한다. 그렇지만 독일·스위스·오스트리아 등에서는 3촌 이상 방계 혈족 사이 혼인을, 미국·영국·프랑스·이탈리아·일본 등에서는 4촌 이상 방계 혈족 사이 혼인을 허용한다. 이슬람 문화권 일부 나라에서는 '부계父系 4촌'(친사촌) 간 혼인, 즉 남자 형제들끼리 자신들의 아들딸을 서로 결혼시키는 관습이 있다.

외국 출신 이주민이 한국 사회에서 출신 국가의 문화를 간직하며 생활하는 것은 자연스러운 일이다. 그러다 보니 '근친혼 금지 범위' 관련 법률 위반으로 정부 당국의 제재를 받은 사례를 찾기는 어렵지 않다.[8] 한국 역사에서도 신라 김유신·김지소 부부, 고려 광종·대목왕후 부부 등 근친혼 사례를 찾을 수는 있으나,

천 년보다 더 오래된 일이다.

또한 한국의 〈민법〉은 '일부일처제', 즉 남편이 동시에 복수의 아내를 가지지 않고, 또 아내가 복수의 남편을 가지지 않는 혼인 제도를 철저히 견지한다. 그렇지만 이슬람 문화권 일부 나라에서는 4처까지의 중혼을 허용한다. 서구 몇몇 나라에서는 폴리아모리polyamory(비독점적 다자 연애) 문화, 즉 개인이 동시에 여러 사람과 로맨틱한 또는 성적인 관계를 맺는 문화가 일부 있다.

한국 여성과 결혼한 후 한국 국적을 취득한 이주민이 출신 국가에서 또 혼인한 것이 발각되어 '귀화가 취소'된 일이 있었다.[9] 이주민이 한국에서 결혼과 이혼을 여러 차례 거듭해 형식상 일부일처제를 유지하지만, 실제로는 전 배우자들도 함께 생활하는 사례도 있었다.[10] 이런 현상은 이주민에게 국한된 것이 아니다. 박현욱의 소설 《아내가 결혼했다》(2006)에서 묘사하는 여러 파트너와 동

---

8 손진호(2007. 7. 31), "파키스탄 귀화인 '사촌인 아내와 같이 살게 해달라'", 〈서울신문〉; 김남일(2007. 7. 31), "'사촌과 결혼 관습인데 …' 귀화 한국인 혼인무효 위기", 〈한겨레〉; 한상준(2007. 7. 31), "관습대로 사촌 여동생과 결혼했는데 불법 …", 〈동아일보〉.

9 김규빈(2019. 11. 26), "한국여성과 결혼 뒤 모국에서 또 혼인·출산 외국인 … '귀화 취소 정당': 서울행정법원, 이슬람권 출신 A씨 법무부 상대 패소 판결", 〈뉴스1〉.

10 송경화·안수찬(2011. 5. 17), "한국의 무슬림 ① 나의 두 번째 선택: '난 한국인 무슬림이다' … 다른 선택, 낯선 시선과의 동행", 〈한겨레〉.

거하는 가족 형태(폴리아모리)를 가진 한국인도 있기 때문이다.[11]

물론 이처럼 극단적 사례는 당연히 매우 적은 수이지만, 기존 한국 문화에 정면으로 도전한다는 점에서 극심한 문화 갈등을 초래한다. 이로써 다문화 상황이란 구태여 해외여행을 가지 않더라도 국내에서 여러 나라의 다양한 음식을 즐길 수 있는 이른바 '식탁 위의 다문화' 이상의 복합적 의미가 있음을 알 수 있다. **다문화란 단순히 한국에서 튀르키예 음식도 먹을 수 있고 중국 음식도 먹을 수 있게 되는 정도의 수준이 아니라, 도덕적으로 민감할 수 있는, 미묘하지만 무거운 사안들도 동반한다.**

한편 외국 출신 이주민 수가 많아지면서, 그들은 다양한 형태의 사회 집단을 형성해 왔다. **그들 중 일부는 개방적 정체성을 갖고 주류 사회 속으로 침투하지만, 다른 일부는 순수성과 배타성을 부르짖으며 자신들의 공동체에 폐쇄적으로 집착한다.** 후자의 경우 공동체나 민족 또는 종교 안에 자신을 고립시킴으로써, 출신 국가 사회의 독특한 문화를 간직한 게토, 즉 '문화적 게토'를 형성한다. 문화적 게토 중 어떤 것은 장기간 지속하지만, 또 다른 어떤 것은 한시적으로 존속하다 사라진다. 그것들은 형성하고 변모하며, 나타나고 사라진다.

이주민은 문화적 게토를 형성해 주류 사회 문화를 풍요롭게 하

11 이하영 · 고혜지 · 최영권(2019. 12. 2), "상식적인 사회를 향한 첫걸음 '차별금지법은 모두를 위한 법'", 〈서울신문〉.

〈그림 4-3〉 안산의 다문화 거리 시장

지만, 때로는 위험에 빠뜨리기도 한다. 특히 극단적이고 폐쇄적인 게토는 사회의 위험 요인으로 간주한다. 경기 안산·시흥, 서울 영등포·구로·금천 등에 이주민 밀집 거주지역이 형성되었고, 그 중 일부에서 폐쇄적인 문화적 게토가 생겨나려는 조짐이 있다.[12] 유럽에서 발생하는 문화 갈등의 씨앗이 국내에도 뿌려져 있다.

한편 한국에서 다문화 개념의 용례는 국제사회 또는 국제학계의 시각에서 볼 때 몹시 이례적인 것이 적지 않다. 국제결혼, 국제이혼, 국제결혼 가족으로 표현하면 될 것을, 한국 정부는 다문화 혼인, 다문화 이혼, 다문

12 Dong-Hoon Seol(2011), "Ethnic Enclaves in Korean Cities: Formation, Residential Patterns and Communal Features", *Asian Cities, Migrant Labour and Contested Spaces*, Tai-Chee Wong and Jonathan Rigg(ed.), London: Routledge, pp. 133~155.

화 가족이라는 생경한 개념을 사용한다.

첫째, 〈다문화가족지원법〉에 따르면 한국인과 외국인 배우자 및 그 자녀가 다문화 가족이고,[13] 외국인만으로 구성된 가족은 여기에 속하지 않는다. 다문화 가족을 자국인의 국제결혼 가족만으로 정의하는 나라는 한국이 지구상에 유일하다.

둘째, 통계청에서 〈인구 동태 통계〉를 발표하면서 '다문화 혼인'과 '다문화 이혼'이라는 개념을 사용한다.[14] 이 역시 한국인과 외국인 간의 혼인 또는 이혼을 가리킬 뿐, 외국인 간 혼인 또는 이혼은 아예 취급하지도 않는다. 단순한 수사법修辭法으로 받아들이기에는 너무 큰 혼돈을 초래한다. 여기에 한국의 다문화 개념과 그 용례에 대한 비판적 성찰이 요구되는 까닭이 있다.

3. 이주·다문화 개념사

이주·다문화 개념의 역사를 살펴보면, 이주의 자발성 여부 또는 그 정도를 기준으로 세 가지 유형을 찾을 수 있다. 이주민의 의지에 따라 자발적으로 이동한 것을 '자유이주'로, 다른 사람의 의지에 전적으로 또는 부분적으로 종속되어 이루어진 이동을 각

13 〈다문화가족지원법〉 제 2조(정의) 제 1호.

14 통계청(2022), 〈2021년 다문화 인구 동태 통계〉, 4~19쪽.

각 '강제이주', '강요이주'로 정의한다.15

자유이주 사례로는 유럽 여러 나라 사람이 신대륙으로 이동한 것이 대표적이다. **역사적으로 이주를 이민移民과 식민植民으로 구분하기도 한다. 두 개념은 사람들이 국경을 넘어 이주한다는 점에서 같지만, 식민은 자국의 주권이 미치는 식민지로 이주하는 것을, 이민은 그렇지 않은 외국으로 이주하는 것을 말한다.** 이민은 이주를 원하는 개인의 의사를 중시하는 데 반해, 식민은 식민지 건설이나 경영을 목적으로 하는 국가적 활동의 측면을 강조하는 개념이다.

이주의 역사를 보면, 미국이 독립한 1776년을 전후하여 이주의 주된 흐름이 식민에서 이민으로 바뀐 것을 확인할 수 있다. 고대 그리스·로마 시대, 근세의 지리적 발견 시대에 이은 유럽인의 국제이주를 포함해, 유럽 국가의 영토 확장, 해외 정복에 따른 식민이 주류를 이루었다. 16세기 스페인과 포르투갈에서 아메리카 대륙으로 이주한 사람들은 10만 명을 넘었다. 17세기 프랑스에서 캐나다로 이주한 사람들은 약 7만 명에 이르렀다.

미국 독립 이후, 유럽인의 국제이주는 식민에서 이민으로 그 주된 형태가 바뀌었다. 1920년경까지 19세기 라틴아메리카 여러

---

15 설동훈(2000), 《노동력의 국제이동》, 서울대학교출판부, 73~149쪽; 설동훈(2015), "국제인구이동", 한국인구학회 편, 《인구대사전》(전면개정판), 통계청, 86~91쪽.

나라의 독립에 따른 자극도 가세하여 이주는 최성기를 맞이했다. 그래서 19세기를 '이주의 세기'로 부르기도 한다. 영국 · 독일 · 이탈리아 · 폴란드 등 유럽 여러 나라 및 중국 · 인도 · 일본 등 아시아 여러 나라에서, 미국 · 브라질 · 아르헨티나 · 오스트레일리아 · 뉴질랜드 등으로 이주하는 사람이 많았다.

미국 이민사에서는 1880년 이전 서유럽 · 북유럽 출신의 이주민들이 대거 들어온 것과, 그 후 남유럽 · 동유럽 출신 이주민들이 입국한 것을 구분하여 전자를 '구이민', 후자를 '신이민'이라 칭하기도 한다. 식민과 이민의 구분은 식민지의 비중이 큰 제2차 세계대전 이전의 이주에서는 중요성이 크지만, 제2차 세계대전 이후 식민지들이 대부분 독립한 오늘날에는 사실상 무의미해졌다.

제 2차 세계대전 이후 일반화된 한시적 이주노동자의 이동, 즉 노동이주(또는 취업이주) 도 그 사례라 할 수 있다. 한시적 노동이주자를 일컫는 개념으로는 이주노동자, 이민노동자, 외국인노동자, 초청노동자, 출가出稼노동자 등이 있다. 개념은 다양하지만, 일정 기간 다른 나라에 가서 돈벌이하는 사람이라는 의미는 같다.

이주노동자를 노동력의 원천으로서만 받아들이고, 계약기간이 만료되거나 필요가 없어지면 모국으로 되돌려 보내는 교체순환rotation 방식은 1890년대 유럽에서 처음으로 등장했다. 독일은 사회적 · 정치적 비용을 극소화하고 경제적 효용을 극대화하기 위해 '관리되는 이주노동자 체계'를 최초로 고안했다.

다른 유럽 나라와 미국도 독일의 선례를 따르기 시작했다. 미국에서는 1920년대 이민법 개정으로 유럽에서의 이주 규모가 종래의 약 7분의 1 정도로 급격히 감소했다. 이에 미국 노동부는 멕시코, 카리브해 국가 및 캐나다 등 인접국에서 한시적 외국인 노동자를 수용하는 정책을 채택했다.

미국은 멕시코인을 정착 이주민으로 수용하는 것은 인종적으로 곤란하다는 인종차별적 태도를 견지했다. 이 때문에 멕시코인을 한시적 계절노동자로 고용한 후 귀국시키려는 정책을 채택했던 것이다. 미국은 제 2차 세계대전 중이던 1942년부터 '브라세로 프로그램Bracero Program'을 시행하여 한시 계약을 통해 서남부 농업 지역에 멕시코인 계절노동자를 합법적으로 수입했다. 브라세로란 스페인어로 '힘센 팔을 가진 사람'이라는 뜻이다. 그러나 계절노동자의 불법체류가 증가하는 한편, 노동 시장에서 일자리 경합 문제가 발생함에 따라 1964년 이 프로그램은 중단되었다.

이주노동자 형태의 노동이주는 제 2차 세계대전 이후 유럽에서 보편화되었다. 영국·프랑스·네덜란드 등은 과거 식민지에서 이주노동자를 수용했다. 제 2차 세계대전 패배로 식민지를 상실한 독일(서독)은 외국 정부와 양자 간 협정을 체결하여 이탈리아·스페인·그리스·터키·한국 등에서 이주노동자를 받아들였다.

한국은 1960년대 초부터 독일로 간호사와 광원을, 베트남으로 서비스 노동자를, 중동 산유국으로 건설 노동자를, 전 세계 바다로 외항선 · 어선 승무원을 송출했다. 그들이 국내로 송금한 외화가 한국 경제 발전의 원동력이 된 것도 사실이다. 이러한 상황은 1980년대 후반 외국인 이주노동자들이 국내로 몰려오기 시작하면서 역전되었다. 1987년 무렵 한국은 이주노동자 송출국에서 수용국으로 변화했다.

그 외 자유이주의 세부 유형을 살펴보면, 이주 목적지 나라의 농장 · 공장 · 건설현장 · 상점 · 음식점 · 사무실 · 실험실 등에 취업하기 위한 '취업이주'와 새로 토지를 개발해서 그곳에 정착하기 위한 '개척이주', 개인 또는 가족의 자유의지에 따른 '자원이주'와 국가 · 사회단체의 계획에 의한 '계획이주', 국가 · 국제기구 · 사회단체의 보조금 · 지원금을 받고 가는 '보조이주'와 개인의 자금에 의존하는 '비보조이주', 이주 목적지 나라에서 흩어져 각기 일터를 마련하는 '분산이주'와 이주 뒤 집단을 이뤄 정착하는 '집단이주', 미리 근로 계약을 체결하고 이동하는 '노동이주'(또는 '취업이주')와 많든 적든 자본을 투자하여 이주민 자신이 사업가가 되는 '사업이주'가 있다.

이주 동기에 따라 결혼이주, 유학이주 등으로 얼마든지 세분할 수 있다. 1990년대 이후 한국에는 결혼이주민이 들어오고 있다. 이주민 취업자의 숙련 수준에 따라 '숙련이주'와 '비숙련이주'로 구분할 수 있다. 숙련이주는 인적 자본 또는 물적 자본을 소지한 자의 이동을 뜻한다. 숙련이주민의 이동은 개인의 연령, 학력, 언어구사 능력, 경력, 고용 계약, 적응 능력 등 인적 자본에 기반을 둔 이주민의 이동인 '독립이주'와, 일정액 이상의 자금 또는 특수한 기능을 가진 이주민의 이동인 '사업이주'로 구분한다. 사업이주를 '기업이주', '투자이주', '자영이주'로 세분하기도 한다. 숙련이주민의 이동은 '인적 자본 유출입human capital flight'으로 표현하는데, 그 방향에 따라 이출은 '두뇌유출brain drain', 이입은 '두뇌획득brain gain'이라 한다. 이주민의 가족 동반 여부에 따라 '개인이주'(또는 '단신이주') 와 '가족이주'로 나눌 수도 있다.

한편 이주민의 법적 지위를 기준으로 '합법이주'와 '비합법이주'로 구분하기도 한다. 비합법이주민 또는 불법체류자 문제가 매우 심각할 경우, 일부 국가에서는 그들의 체류 자격을 합법화하거나 영주권을 부여하는 등 정규화regularization 조치를 취하기도 한다. 예컨대, 미국에서는 1986년 〈이민 개혁·통제법Immigration Reform and Control Act, IRCA〉에 의해, 1982년 이후 미국 내 비합법이주민을 대상으로 1987년부터 1988년까지 1년간 신청을 받아 영주권을 발급했다. 영주권을 신청한 비합법이주민 수는 총 304만 475명이었고, 그중 88%인 268만 8,730명이 영주권을 발급받았다.

〈그림 4-4〉 미국 대륙횡단철도 건설에 참여한 중국인 쿨리.
미국에서 대서양과 태평양을 잇는 첫 대륙횡단철도는 6년 공사를 거쳐 1869년 완공되었다.

한국에서는 2003년 8월 16일 제정・공포한 〈외국인근로자의 고용 등에 관한 법률〉의 부칙에 근거하여, 정부에 불법체류 사실을 자진 신고한 외국인의 체류 자격 합법화를 시행했다. 이로써 합법화 대상인 2003년 3월 31일 기준 불법체류 4년 미만자 22만 7,757명 중 81%인 18만 4,199명이 합법체류 자격을 부여받았다.

한편 노예무역・징용・징병 등의 형태로 나타난 제국주의 시대의 식민 노동자, 현대에도 자행되는 인신매매 등은 '강제이주' 사례이고, 노예제 폐지 이후 등장한 쿨리 교역은 '강요이주' 사례라 할 수 있다. 쿨리는 고용주가 부담한 자신의 이동 비용과 몸값을 상환하기 위해 계약 노동을 해야 했던 '부자유 채무노동자indentured laborer 또는 indentured servitude'다.

그들은 형식상 고용 계약을 체결했지만, 계약 조건의 불평등 때문에 대부분 사실상 노예와 유사한 상태로 전락했다. 1830~1930년대에 걸쳐 이루어진 쿨리 교역 규모는 최소로 잡아도 1,200만 명이고, 넉넉히 잡으면 3,700만 명이 넘었다. 쿨리 신분으로 해외로 진출한 아시아인 노동자 수는 신대륙을 유럽화한 결과를 낳은 유럽인 이주민 수보다 훨씬 많았다.

강제이주, 강요이주는 노예나 쿨리 외에도 여러 형태가 있다. 정치적 박해, 전쟁·내전·분쟁, 일반화된 폭력, 기타 공공질서를 심각하게 위협하는 상황 등 정치·국적·인종·민족·종족·종교적 사유와 결부된 공포, 홍수·가뭄·산불·산사태 등 자연재해, 댐 건설 등 대규모 개발 프로젝트large-scale development projects, 기근飢饉, famine, 극심한 빈곤 등 환경적·경제적 재난災難으로 생활근거를 잃고 국적국이나 상주국을 벗어나 불가피하게 새로운 삶의 터전을 찾아 이동하는 것도 강제이주로 파악한다. 이처럼 사회구조적 강제 때문에 피난처避難處를 찾아 국적국·상주국을 떠나 이주한 사람을, 일상용어로 피난민이라 한다.

피난이주 중 정치·국적·인종·민족·종족·종교적 사유와 관련된 이주를 난민이주라 한다. UN의 〈난민의 지위에 관한 1951년 협약1951 Convention Relating to the Status of Refugees〉(1951. 7. 28)과 한국의 〈난민법〉은 난민難民, refugee을 자신의 국적국·상주국 밖에 있으면서 인종, 종교, 국적, 특정 사회집단의 구성원 신분, 정치적 견해 등의 사유로 박해를 받을 합리적 근거가 있는 공포를 가진 사람으로 정의한다. 즉, 난민은 이 다섯 가지 사유로 인한 공포로 국적국·상주국을 떠났기 때문에 '국제적 보호'가 필요한 사람이다. 난민은 특수한 법적 보호, 예컨대 강제 송환 금지, 피난을 위해 허가 없이 국경을 넘은 것에 대한 불이익 금지 등의 처우를 보장받는다. 따라서 난민은 망명자亡命者와 동의어라 할 수 있다. 일제 강점기 중국에 있던 '대한민국 임시정부' 요인들은 망명자, 즉 난민이었다.

1946년 UN은 산하에 국제난민기구International Refugee Organization, IRO를 설치하여 제2차 세계대전의 피해를 당한 난민을 보호·구제하고, 난민을 그들의 자유의사에 따라 원하는 나라에 정착시키는 임무를 담당했다. 국제난민기구는 1951년에 해산했고, 같은 해 UN난민기구United Nations High Commissioner for Refugees, UNHCR가 계승·창설되어 오늘날에 이르고 있다. UN난민기구는 난민에 대한 비호庇護, asylum 개념의 중요성을 강조해 왔다. '편들어서 감싸주고 보호함'을 뜻하는 비호는 국민 국가가 자국의 영토 안에 있는 난민에게 제공하는 보호를 총칭하는 개념이다.

전쟁·혁명을 비롯한 정치·국적·인종·민족·종족·종교적 사회 변동은 본국 송환·귀환·도망·추방 등 여러 형태로 난민(또는 망명자)을 대량으로 만들어 낸다. 이 다섯 가지 사유와 직접 관련되지 않은 사람도 얼마든지 국적국·상주국을 떠날 수 있으므로, 강제이주자 전체를 '난민'이라 칭하기보다는 '피난민' 개념을 적용하는 게 타당하다.

또 1951년에 정립된 법·정책 개념으로 인류 역사를 설명하는 것은 무리가 있지만, 학자들은 난민이주 개념을 유연하게 사용하여 역사적 사건을 설명하기도 한다. 간빙기間氷期, interglacial period 이후 장기간에 걸쳐 시베리아에서 유럽으로 간 핀족의 이동, 4~5세기 게르만족 대이동, 7~8세기 노르만족 이동, 17세기 초 종교적 이유로 아메리카 대륙으로 건너간 청교도 이동, 1789~1793년 프랑스혁명 때 왕족·귀족의 대량 해외 망명은 널리 알려진 사실이다. 20세기에는 1917년 러시아 혁명, 1923년 터키 혁명, 1933년 이후 나치 박해 등으로 피난민이 대량 발생했다. 러시아 혁명 기간에 약 150만 명의 피난민이 러시아를 떠났고, 1934년 독일에 나치 정권이 수립되자 반체제 인사들과 유대인을 비롯한 나치 피해자 약 250만 명이 독일을 등지고 세계 각지로 흩어졌다.

제 2차 세계대전 후에도 강제이주 사례를 찾기는 전혀 어렵지 않다. 대표적 사례를 들면 다음과 같다. 1947년 인도·파키스탄 전쟁으로 인한 피난민, 1947~1949년 제1차 중동 전쟁으로 인한 피난민, 1950~1953년 한국전쟁을 전후한 피난민, 1975년 공산화 이후 캄보디아와 라오스 및 베트남 등지에서 보트피플로 유출된 인도차이나 피난민, 1995~1998년 발칸반도의 유고슬라비아 내전 중 보스니아-헤르체고비나, 코소보 사태 등으로 발생한 피난민, 1980~2011년 이라크에서 벌어진 전쟁 또는 2011년 미군 철수 후 발생한 내란으로 인한 피난민 등이다.

21세기 초부터 남수단, 소말리아, 수단, 콩고민주공화국, 중앙아프리카공화국, 에리트레아, 부룬디 등 사하라사막 이남 아프리카 나라들에서 잇따라 발생한 내전으로 인한 피난민, 시리아 내전(2011년~현재)으로 인한 피난민, 2021년 미군의 아프가니스탄 철수를 전후하여 발생한 피난민, 2022년 러시아의 우크라이나 침공으로 인한 피난민, 2023년 이스라엘·하마스 전쟁으로 발생한 피난민 등 전쟁·내전·혁명 등으로 인한 강제이주는 계속 발생하고 있다. 기타 정치·국적·인종·민족·종족·종교적 사유로 인한 강제이주 역시 끊임없이 발생하고 있다.

시리아, 아프가니스탄, 우크라이나 등에서 피난민이 대량 발생하는 것은 난민이주가 21세기에도 여전히 국제사회의 중대 현안임을 입증한다.[16] 즉, 사회 현상을 총칭하는 개념으로써 '난민

16 설동훈(2015), "세계 각국의 난민 상황과 정책", 〈See Futures〉, KAIST 미래전략연구센터, 9, 10~15쪽.

이주'에 포함된 '난민'은 그 사건의 본질을 나타내는 것이지, 그 당시 거주지를 옮긴 모든 개인을 포함하는 것은 아니다. 그러한 점에서 '피난민'이라는 일상용어는 여전히 유효하다.

한국의 〈난민법〉은 난민이주 관련 개념을 다음과 같이 엄격히 규정한다. 첫째, '난민으로 인정된 사람'(난민 인정자)은 〈난민법〉에 따라 난민으로 인정을 받은 외국인을 말한다.

둘째, '인도적 체류 허가를 받은 사람'(인도적 체류자)은 다섯 가지 난민 인정 사유에는 해당하지 않지만 고문 등의 비인도적인 처우나 처벌 또는 그 밖의 상황으로 인하여 생명이나 신체의 자유 등을 현저히 침해당할 수 있다고 인정할 만한 합리적 근거가 있는 사람으로서 체류 허가를 받은 외국인을 말한다.

셋째, '난민 인정을 신청한 사람'(난민 신청자)은 한국에 난민 인정을 신청한 외국인으로서, ① 난민 인정 신청에 대한 심사가 진행 중인 사람, ② 난민 불인정 결정이나 난민 불인정 결정에 대한 이의 신청의 기각 결정을 받고 이의 신청의 제기 기간이나 행정 심판 또는 행정 소송의 제기 기간이 지나지 않은 사람, ③ 난민 불인정 결정에 대한 행정 심판 또는 행정 소송이 진행 중인 사람을 포함한다. 즉, 난민 인정 절차와 관련하여, 난민 관련 개념들을 사용할 때는 매우 엄격하게 '난민' 개념을 적용한다.

일상용어인 피난민 중 상당수는 '난민 신청자'다. 난민 신청자가 한국 정부의 난민 인정 심사를 통과하면 비로소 '난민 인정자'가 된다. 난민 인정 사유에 해당하지는 않지만, 인도주의적 관점에서 체류 자격을 인정받으면 '인도적 체류자' 지위를 갖게 된다. '인도적 체류자'는 '인도적 체류 허가 사유'가 소멸할 때까지 국내에서 기타(G-1) 체류 자격을 갖고 합법적으로 체류할 수 있고, 매회 1년의 범위에서 체류 기간을 연장할 수 있다. 그들은 난민 인정자와 마찬가지로 본인의 의사에 반하여 강제로 송환되지 않을 권리를 갖는다. 비전문 직종에 취업을 희망하면 허가된 체류기간(상한 1년) 범위 내에서 별도의 사업장 지정 없이 '포괄적 체류자격 외 활동 허가'를 받아 취업할 수 있다.

한편 '난민 불인정 결정을 받은 사람'이나 '난민 인정이 취소·철회된 사람'은 체류지 관할 출입국·외국인관서장으로부터 '난민 불인정 결정 통지서' 또는 '난민 인정 취소·철회 통지서'를 교부받는다. 지방 출입국·외국인관서의 허가 조건이나 준수 사항을 위반하는 등 관련 규정을 어긴 경우에는 '강제 퇴거' 대상이 되어 '출국 명령서'가 발급된다. 출국 기한은 '출국명령서' 발부일로부터 30일 범위에서 정해진다. 난민 불인정 결정자 또는 난민 인정 취소·철회자는 해당 통지서를 받은 날부터 30일 이내에 이의 신청을 할 수 있고, 그것이 받아들여지지 않으면 행정 심판 또는 행정 소송을 청구할 수 있는데, 그 경우 난민 신청자 지위

를 갖게 된다.[17]

이 개념을 명확히 이해하고, 국내 공론장에서 사용되는 '난민'의 용례를 살펴볼 필요가 있다. 〈오마이뉴스〉 기사(2023. 10. 17)에는 다음과 같은 표현이 있다. "2018년, 제주도에 500여 명의 예멘 난민이 한꺼번에 도착했던 일이 있었다." 여기서 난민은 피난민으로 바꿔야 한다. 이처럼 부정확한 개념 사용은 건전한 여론 형성을 저해한다. 개념을 정확히 사용하여 정리하면, 다음과 같다.

2018년 제주도를 통해 한국에 들어온 예멘인 '입국자' 수는 561명이었고, '난민 신청자' 수는 484명이었다. 법무부의 난민 인정 심사 결과, '난민 인정자' 수는 2명, '인도적 체류자' 수는 412명으로, 난민 신청자 중 85.5%인 414명이 한국에서 합법적 체류 자격을 부여받았다. '난민 불인정 결정자' 수는 56명, '직권 종료자'(난민 신청 철회자 또는 자진 출국자) 수는 14명이었다. 요컨대 '2018년 제주도 예멘 피난민' 사건은 개념의 혼동과 한국인의 편견·고정관념이 진실과 뒤섞이면서, 공론장에서 혼란스럽게 전개되었다.

17 법무부(2015), 《난민 인정자, 인도적체류자, 난민 신청자를 위한 난민 인정절차 가이드북》, 14~29쪽.

한편 국내에 있는 북한이탈주민은 대한민국 〈헌법〉에 따르면 대한민국의 영토인 북한 지역에서 이주한 사람이므로, 〈헌법〉에 비추어 판단해 볼 때 국제이주민도 아니고 난민도 아니다.[18] 그렇지만 남북한이 각각 독립국으로 UN에 동시 가입한 국제정치 현실을 고려할 경우, 그들 역시 실질적 난민으로 파악할 수 있다. 한국 정부는 〈북한이탈주민의 보호 및 정착지원에 관한 법률〉을 통해 탈북민의 국내 정착을 지원한다.

북한에서 탈출하여 중국·러시아 등 제3국에 머무르고 있는 사람, 즉 탈북민 역시 난민의 성격이 강한 것으로 판단한다. 2023년 9월 중국 정부가 탈북민 600명을 강제 송환했는데, 중국 정부는 그들을 '경제적 이주자'의 일종인 '불법체류자'로 간주한 것으로 이해된다. 그러나 중국 내 탈북민을 〈난민의 지위에 관한 1951년 협약〉에 의한 '난민'으로 파악한다면,[19] 중국 정부는 난민에 대한 강제 송환 금지의 원칙을 위배한 것이 된다.

한편 피난민 중 다섯 가지 난민 인정 요건 사유가 아닌 다른 환경적·경제적 사유, 예컨대 자연재해·궁핍 등으로 국적국 또는 상주국을 떠난 사람은 '강제이주자' 또는 '피난민'이기는 하

---

18 설동훈(2020), "민족 위계화? 통일시대의 한민족과 타자들", 〈담론 201〉 23권 1호, 7~60쪽.

19 〈동아일보〉, 2023. 10. 17.

나 '난민'은 아니다. '강제이주'는 사회과학 개념이고, '피난'은 일상용어이며, '난민'은 법・정책 개념이면서 사회과학 개념임을 고려해야 한다.

그러한 점에서 국내 언론에서 '기후변화로 인해 생태학적 환경이 변화하면서 살던 곳을 떠난 사람'을 가리키기 위해 사용하는 '기후난민', '생태학적 난민', '환경난민'이나, '원래 살던 지역에서 전셋집을 구하지 못하여 어쩔 수 없이 다른 지역으로 이주한 사람'을 지칭하는 '전세난민' 등은 부정확한 조어造語라 할 수 있다. 이는 난민과 피난민을 동의어로 착각한 데서 비롯된 것이다. 즉, 구태여 이 개념을 사용하려면 '난민' 대신에 '피난민'을 써야 한다.

4. 한국 공론장에서의 이주・다문화

한국 공론장에서 이주민・다문화 개념을 사용하면서 발생한 혼란을 살펴보기로 한다. 필자가 이미 출판한 다섯 편의 글을 축약・수정・보완하여 여기에 싣는다. 글을 작성한 지 오래되어 내용이 달라진 것은 과감히 고쳐 썼음을 밝혀 둔다.

1) 국민을 외국인으로 부르는 나라가 있나?[20]

노무현 정부의 행정자치부에서는 2006년 '국내 거주 외국인' 실태조사를 최초로 발표했고, 2007년에는 〈재한외국인 처우 기본법〉에 근거하여 그 명칭을 '외국인 주민' 통계로 바꾸었다. 이명박 정부의 행정안전부는 2008년과 2009년에는 '외국인 주민' 통계라는 명칭을 고수했지만, 2010년에는 '외국계 주민' 통계라는 개념을 채택했다. 대한민국 국민인 '귀화자'와 '외국인 주민 자녀'를 '외국인'으로 부르는 게 부당하다는 여론을 반영한 것으로 해석된다. 그러나 행정안전부는 2011년 한마디 언급도 없이 다시 '외국인 주민'이라는 개념으로 돌아갔고, 2012년에도 그 방침을 고수했다. 박근혜 정부의 안전행정부, 문재인 · 윤석열 정부의 행정안전부는 2013년 이후 현재까지 '외국인 주민'이라는 개념을 유지하고 있다.

행정안전부와 지방자치단체에서는 〈재한외국인 처우 기본법〉의 '재한외국인 등'을 '외국인 주민'으로 부른다. 행정안전부는 매년 11월 1일 0시 기준 〈지방자치단체 외국인주민 현황〉 통계를 작

---

20 설동훈(2014. 1. 15), "국민을 외국인으로 부르는 나라가 있나?", 〈내일신문〉 3314호, 22쪽.

성・발표한다. 이 통계의 대상이 되는 '외국인 주민'은 ① (한국 국적을 가지지 않은 자) 국내에 체류하는 외국인 중 90일 초과 체류자, ② (한국 국적을 취득한 자) 외국인이었으나 한국 국적을 취득한 자, ③ (자녀) 한국 국적을 취득한 자의 미성년 자녀 및 한국인과 결혼한 한국 국적을 가지지 않은 자의 미성년 자녀로 구성된다.[21]

그러나 외국인 정책의 근거가 되는 〈재한외국인 처우 기본법〉에서는 '재한외국인'을 "대한민국의 국적을 가지지 아니한 자로서 대한민국에 거주할 목적을 가지고 합법적으로 체류하고 있는 자"로 규정하고 있을 뿐, 대한민국 국적을 가진 사람을 포함하지 않고 있다. 다만 그 법률의 적용 대상을 규정하면서, 재한외국인과 그 자녀, 그리고 국적 취득 3년 이내의 귀화자를 아울러 '재한외국인 등'으로 표현한다. 외국인은 '대한민국의 국적을 갖지 않은 사람'으로 정의되므로, '대한민국 국민을 포함한 재한외국인 등'을 '외국인 주민'으로 부르는 것은 명백한 오류다.

'한국 국적을 갖지 않은 자'를 '외국인'으로 규정하는 것은 문제가 없으나, 국민을 외국인이라고 호명呼名하는 것은 심각한 문제다. '한국 국적을 취득한 자'는 전원 한국인이고, '자녀'도 대부분 한국 국적자(부모의 국적을 모두 가진 복수 국적자 포함)이기 때문이다.

---

21 행정안전부(2022), 〈2021 지방자치단체 외국인주민 현황〉, 4쪽.

개인의 자아 정체성은 '주체적 자아 I'와 '객체적 자아 me'의 상호 작용을 통해 형성된다.[22] 그러한 점에서 정부가 이주민을 어떻게 호명하는가는 자아 정체성 형성과 관련하여 매우 중요하다. 오늘날 귀화 한국인과 자녀는 자신의 정체성을 '외국인' 주민으로 강요당한다. 더구나 그것은 '귀화한국인' 또는 '이주민의 자녀 중 한국 국적자'를 그렇지 않은 국민과 달리 처우하는 행위, 즉 출신 지역 · 국가 · 민족 등을 근거로 한 '평등권 침해의 차별 행위'라 할 수 있다.

조선 광해군 때의 문인 허균은 《홍길동전》에서 "부형父兄이 있으되 호부호형呼父呼兄 못하는" 홍길동의 호소를 통해 서얼庶孼 차별을 고발했다. 1894년 갑오경장으로 사라진 신분제가 출신에 따른 차별로 형태를 달리하여 재생산되고 있는 것은 아닌지 걱정이다.

그러므로 '외국인 주민'을 '이주민' 또는 '이민자 주민'으로 개념을 바꾸어야 마땅하다. 외국인과 귀화자를 아우르는 표현인 '이주민' 또는 '이민자 주민'을 법 · 정책 개념으로 사용할 때가 되었다. 한국은 이제 이주민을 수용하는 나라이기 때문이다.

---

22 설동훈(2014), "국제결혼이민과 국민 · 민족 정체성: 결혼이민자와 그 자녀의 자아 정체성을 중심으로", 〈경제와 사회〉 103호, 278~312쪽.

2) 외국 국적 동포는 '한인'이지 '한국인'이 아니다[23]

국경을 넘는 이주는 이주민의 국적 변동을 동반한다. 한때 한국인이었지만 외국으로 이주하여 그 나라 국적을 취득한 사람은 대한민국 국적을 상실한다. 그러한 사람을 외국 국적 동포라 하고, 그 후손도 같은 범주에 포함한다. 즉, 외국 국적 동포는 '한국계 외국인'을 의미하는데, 민족이 '한인ethnic Koreans'이라는 뜻이지 국적이 '대한민국 국민Korean nationals'인 것은 아니다. 영어로는 이 둘을 아울러 '코리안Koreans'이라 한다.

미국의 프로풋볼 선수 하인스 워드가 2006년 4월 한국에 와서 자신이 '코리안'이라는 점을 절감했다고 말했을 때, 국내의 거의 모든 언론은 코리안을 '한인'(민족)이 아니라 '한국인'(국민)으로 오역하여 보도했다. 그는 엄연히 '한국계 미국인', 즉 한인 혈통을 가진 미국 국민인데도 말이다.

한국에서 국민과 민족은 법률적으로 명백히 구분되는 개념이다. 국민의 자격은 "대한민국의 국민이 되는 요건을 정함을 목적"으로 제정된 〈국적법〉에서 규정한다. 국민은 한국인의 자녀로 태어나거나 입양 또는 귀화를 통해 획득할 수 있는 사회적 지위다.

---

23 설동훈(2007. 2. 13), "'코시안' 아닌 '코리안'이다", 〈경향신문〉, 31쪽.

한편 동포同胞·겨레 등과 동의어로 사용되는 민족은 〈재외동포의 출입국과 법적 지위에 관한 법률〉에서는 좁은 의미로 한국을 방문한 재외국민 또는 외국국적 동포로 정의하고,[24] 〈재외동포기본법〉에서는 넓은 의미로 재외국민 또는 외국국적 동포로 정의한다.[25]

민족은 부계든 모계든 한인의 혈통을 이어받은 사람이면 그 성원 자격을 가지는 원초적 성격의 사회적 지위다.

그러므로 법률의 정의에 따르면, 한국인과 한인은 완전히 별개의 집단일 수 있다. **예컨대 한국인과 결혼하여 귀화한 베트남 출신 여성은 '한국인'이지만 '한인'은 아니다. 하인스 워드는 '외국인'이지만 '한인'이다. 결혼이민자와 한국인 배우자 사이에서 출생한 미성년 자녀는**

---

24 〈재외동포의 출입국과 법적 지위에 관한 법률〉 제2조(정의). 이 법에서 '재외동포'란 다음 각 호의 어느 하나에 해당하는 자를 말한다. ① 대한민국의 국민으로서 외국의 영주권(永住權)을 취득한 자 또는 영주할 목적으로 외국에 거주하고 있는 자(이하 '재외국민'이라 한다). ② 대한민국의 국적을 보유하였던 자(대한민국정부 수립 전에 국외로 이주한 동포를 포함한다) 또는 그 직계비속(直系卑屬)으로서 외국국적을 취득한 자 중 대통령령으로 정하는 자(이하 '외국국적동포'라 한다).

25 〈재외동포기본법〉 제2조(정의) 제1항. '재외동포'란 다음 각 목의 어느 하나에 해당하는 사람을 말한다. ㉮ 대한민국 국민으로서 외국에 장기체류하거나 외국의 영주권을 취득한 사람. ㉯ 출생에 의하여 대한민국의 국적을 보유하였던 사람(대한민국 정부 수립 전에 국외로 이주한 사람을 포함한다) 또는 그 직계비속으로서 대한민국 국적을 가지지 아니한 사람.

〈국적법〉에 따라 복수 국적이 부여되기 때문에 모두가 '한국인 · 한인'임과 동시에 '외국인'이기도 하다.

한인은 결혼이민자의 자녀, 재외국민, 다른 나라 국적을 가진 한인의 후예, 국외 입양인, 북한 동포 등을 포괄한다. 그들을 모두 아우르는 개념으로 '민족', 즉 한인 개념의 유효성은 부언할 필요가 없다. 하지만 이 개념이 외국 출신 결혼이민자와 외국인 노동자 및 화교 등 수많은 한국 사회의 민족적 소수자를 배제하는 것도 명백하다. 그러므로 전 지구화 시대에 민족 개념은 조심스럽게 운위云謂해야 한다.

3) 개인을 '다문화'로 불러서는 안 된다[26]

한국 사회에서 '다문화'는 한국 정부가 의도적으로 채택한 개념이다. 다문화는 2000년대 중반에 법 · 정책 개념으로 도입되었고, 그 후 일상용어로 퍼졌다. 출신 국가, 체류 자격, 민족, 인종 등을 따지지 말고, 내국인과는 다른 문화적 정체성을 가진 사회 집단을 폭넓게 규정하는 개념이라는 점이 언중의 마음을 얻은 것이다.

그러나 말하는 이가 사용하는 '다문화'라는 단어에 듣는 이가

---

26 설동훈(2018. 3. 29), "개인을 '다문화'로 불러서는 안 된다", 〈세계일보〉, 26쪽.

마음의 상처를 받는 경우가 가끔 있다. 교사가 교실에서 학생들에게 무심코 던진 "다문화, 손들어 봐라"라는 한마디에 해당 아이들은 당황할 수밖에 없다. '다문화 가정 아이들'과 그렇지 않은 아이들로 구분되고, 그 즉시 해당 아이들은 '다문화'라는 별명을 갖게 되기 때문이다. 그러므로 이제 더는 교육 현장에서 특정 학생을 그가 소속된 사회 집단 이름으로 부르지는 않는다. '다문화' 개념이 오용될 경우, 그 집단 구성원을 주류 사회 구성원과 구분하고 배제하는 도구로 사용될 가능성이 있기 때문이다.

아이뿐만 아니라 성인도 마찬가지다. 다문화라는 호칭 또는 지칭에 불편했던 경험이 있다는 이주민이 적지 않다. 물론 본인이 좋아하면 문제가 되지 않겠지만, 그가 싫어하면 사용하지 않는 것이 필수다.

혹자는 다문화를 대체할 개념을 제시하기도 한다. 이민자 2세 또는 1. 5세를 가리키는 단어로 '이주 배경 청소년'은 그러한 맥락에서 법·정책 개념으로 도입되었다. **그렇지만 곰곰이 생각해 보면, '다문화' 대신 아무리 아름다운 단어를 도입한다고 해도 이러한 문제는 절대 해결되지 않을 것임을 알 수 있다. 문제의 본질은 개념 자체에 있는 것이 아니라, 그 개념을 어떤 맥락에서 사용하는가에 있기 때문이다.**

개인들은 누군가가 자신을 다른 사람과 구분해 배제하려는 의도로 어떤 단어를 사용한다고 느끼면 짜증을 내거나 좌절하며 분노하게 된다. 개인은 타인이 자신을 어떻게 대하는가를 고려해 행동하고 가치관을 형성한다. 타인이 자신을 언급하는 지칭 또는 호칭은 그의 '사회적 정체성'에 강한 영향을 미친다. 개인을 집단의 이름으로 불러서는 안 되는 까닭이 바로 여기에 있다. 개인을 다문화라고 불러서는 안 된다.

4) 이주민 · 소수자를 향하는 공포 · 혐오의 태도를 걷어내야[27]

2020~2022년 인류는 눈에 보이지도 않을 정도로 작은 '신종 코로나바이러스 감염증'(코로나19)과 큰 싸움을 했다. 초기에는 치료제 · 백신을 개발하지 못한 상태였고, 코로나 바이러스는 급속히 전 세계로 확산되었다. 사람들은 '코로나 바이러스 확진자'를 향해 공포 · 혐오의 태도를 보이기 시작했다. 인류 역사를 보면, 전쟁 · 테러 · 전염병 · 자연재해 등으로 '사회적 불안'이 발생할 때마다 사람들은 특정 사회 집단에 그 원인을 돌려 공격하는 일이 드물지 않았다. 이런 사실을 고려하면, 이것은 결코 새로운 사회 현상이 아니다.

2020년 1월 중국 후베이성 우한에서 급성 호흡곤란 증후군 환

---

27 설동훈(2020. 5. 20), "공포 · 혐오의 태도를 걷어내야", 〈농민신문〉, 18쪽.

자가 발견되었으며 감염증이 급속히 확산하고 있다는 소식이 전해졌다. 이때 국내에서는 '중국인 입국 봉쇄' 주장이 불거졌고 이내 중국인 공포・혐오로 이어졌다. 일부 온라인 커뮤니티에서는 중국 불매 운동을 의미하는 '노 차이나No China' 로고가 등장했다. 전국 주요 도시의 식당과 찜질방 등에 '중국인 입장 불가'를 알리는 안내문이 나붙었다. 몇몇 언론은 서울 영등포구 대림 중앙시장 상점을 '비위생적', '위생 불량 심각'으로 묘사하며 재한 조선족 동포에 대한 공포・혐오를 조장했다.

2020년 3월 대구에서 신천지 신자들이 코로나 바이러스에 집단으로 감염되었을 때는 공포・혐오의 태도가 그들을 향했다. 전 세계 여러 나라로 코로나 바이러스 사태가 확산하자 '외국인' 또는 '외국에 머무르다 귀국한 한국인'이 불안 유발자 집단으로 새롭게 등장했다.

한편, 2020년 2~5월 마스크 공급 부족이 심각했을 때, 불법체류자는 물론이고 합법체류 이주민도 마스크 구입에 심각한 어려움을 겪었다. 한국 정부와 사회의 노골적 차별이 있었다고 해도 과언이 아니다.[28] 그 당시 '불법체류 외국인'을 향하는 시민들

28 김재형(2020), 〈불확실성 시대의 마스크 시민권〉, 《마스크가 말해주는 것들: 코로나19와 일상의 사회학》, 돌베개, 69~88쪽.

의 시선은 더욱 차가웠다. 정부는 방역 사각지대가 생기는 것을 막기 위해 '불법체류 외국인 단속'을 중단하고, 한국인 또는 합법체류 이주민과 동등하게 마스크를 공급하겠다고 발표하여 시민의 불안감을 달랬다.[29]

2020년 5월 초 서울 이태원의 몇몇 클럽에서 코로나 바이러스 집단 감염이 확인된 후에는 성소수자가 표적이 되었다. 사람들은 그들을 '공공의 적' 또는 '인간 바이러스'라고 불렀다. '코로나 바이러스 확진자'는 다른 사람에게 전염병을 옮길 수 있으므로 (잠재적) 가해자이기는 하나, 그 역시 다른 사람으로부터 감염병이 전염된 '피해자'라는 점을 간과한 것이다.

물론 '코로나 바이러스 확진자'를 무조건 감싸는 '언더도그마underdogma'는 곤란하다. 언더도그마란 약자underdog가 힘이 약하다는 이유만으로 강자overdog보다 도덕적 우위에 있고, 강자가 힘이 세다는 이유만으로 비난받아 마땅하다고 여기는 믿음이다. 즉, 몇몇 확진자의 이기적 행동은 사회적 비난을 받아 마땅하다.

그러나 그것이 '확진자' 또는 '확진자 비율이 높을 것으로 여겨지는 사회 집단'을 '우리'와는 구분되는 존재, 즉 '타자他者'로 여기

---

29 Chulhyo Kim, Hee Jung Choi and Dong-Hoon Seol (2022), "Undocumented Migrants' Citizenship in Pandemic Times: The South Korean Case", *Citizenship Studies* 26(8), pp. 1063~1075.

고 사회적으로 낙인찍는 행위를 정당화할 수는 없다. 이주민, 외국인, 특정 지역 주민, 종교 신자, 해외 입국자, 성소수자 등이 공포·혐오의 대상이 되었다. 시민들은 그들을 단순하고 간편한 적, 즉 희생양으로 간주하고 공격했다. 공포·혐오에 바탕을 둔 '낙인찍기'가 진행되면서 그들의 사회적 고립은 심화했다. 타자화와 낙인찍기가 강화될수록 그들은 더욱더 음지로 숨었다.

방역 사각지대라는 오명을 뒤집어쓴 외국인 불법체류자를 언더도그마 관점으로 볼 사실적 근거는 거의 없고, 반대로 악마화하여 두려워할 필요도 없다. 다문화 상황에서 발생한 편견과 고정관념은 대부분 상호 간 무지와 오해에서 비롯된 것이기에 소통으로 충분히 극복할 수 있다.

'코로나 바이러스 확진자'와 '코로나 바이러스 감염 가능성이 높을 것으로 여겨지는 자'를 포함한 사회적 약자 집단은 피해자인데도, 그들을 가해자로 옮겨 놓고 공포·혐오의 대상으로 삼는 행위를 차단해야 한다. 그것은 표현의 자유가 아니다. 감염자 또는 감염이 의심되는 사람이 검사받으러 나오는 것을 두렵게 만드는 공포·혐오의 태도를 걷어내야 한다. 이주민을 포함한 사회적 약자 집단의 사회적 배제를 극복하고, 사회적 포용을 추구해야만 사회적 연대를 구축할 수 있다.

5) 다문화 사회 한국의 사회 통합과 문화 교류[30]

한국 사회 내 인종·종족 다양성을 문화 다양성으로 승화시키고, 그것을 조화롭게 만들려는 노력이 절실하다. 이 땅에 사는 사람들이 다문화 사회에 적응하기 위해서는 이주민과 한국인 양자兩者가 함께 노력하여야 한다. 어느 한쪽이 일방적으로 적응하는 것이 아니라 쌍방이 각각 상대방에게 적응해야 한다. 한국인과 이주민이 서로 마음을 열고 상대방을 이해하려는 쌍방적 노력을 기울여야 한다.

적응의 부담은 '뿌리 뽑힌 삶'을 영위해야 하는 이주민에게 더욱 가중된다. 이주민은 한국어를 익혀야 하고, 한국 문화와 관습을 이해하고 적응하려 노력해야 한다. 한국인은 이주민과 그들의 문화를 인정하고 이해하며 기존 한국 문화와의 관계를 재설정해야 하는 과제를 안고 있다. 한국인들은 인종·문화 다양성을 인정하고 존중하는 자세를 학습해야 한다.

---

30 설동훈(2008), "다문화 사회에서의 문화 상호 교류", 〈새국어생활〉 18권 1호, 5~21쪽.

더 읽을거리

스티븐 카슬 · 마크 J. 밀러(2013), 《이주의 시대》, 일조각

이주를 사회과학적으로 이해할 수 있는 최고의 책이다. 이주 이론과 개념 설명으로 시작하여 이주의 역사를 살펴보고, 1945년 이전부터 현재까지 전 세계의 국제이주 상황을 지역별로 알아본 후 이주와 국가 통제, 안보, 종족적 소수자, 정치 등의 관계를 분석한다.

이혜경 외(2016), 《이민정책론》, 박영사

이민과 이민 정책에 대한 가장 기본적이고 핵심적인 내용을 알려 준다. 이민 정책과 관련된 각각의 주제를 소개하는 데 그치지 않고, 주제 간의 연관성을 통하여 이민 정책에 대한 포괄적이며 총체적인 개념과 논지를 제시한다.

5장

‘청년’이라는 배치

조문영

1. 21세기 한국의 ‘청년세대’

이 글을 쓰기 시작하면서 통계청 자료를 살폈다. 우리나라의 청년 인구는 2023년 7월 기준으로 1,014만 3,492명이다. 이때 청년은 〈청년기본법〉상 19~34세인 대한민국 국민을 지칭한다. 저출생・고령화 사회에서 청년 인구는 해마다 감소하지만, 그렇다고 천만이 넘는 숫자를 가볍게 넘길 순 없다. 인구 감소가 가파르게 진행되는 비수도권 지역에선 청년 인구를 49세까지 늘린다니 규모는 그 이상일 테다. 천만 인구의 삶은 실로 얼마나 다양할까. 성별, 계층, 지역 같은 사회학적 변수만 놓고 얘기하는 게 아니다. 매일 스마트폰 화면을 향해 고개를 숙인 채 엘리베이터에 진입하는 젊은 이웃의

〈그림 5-1〉 '2022 제 6회 대한민국 청년의 날' 기념식[1]

마음을 '청년 연구자'인 내가 얼마나 읽을 수 있을까.

하지만 그의 의지와 상관없이, 한국 사회 공론장에서 그는 '청년'으로, 그 또래의 군상은 '청년세대'로 번역된 채 수시로 출몰한다. 청년세대의 수사는 차고 넘친다. '88만원 세대', '삼포세대', 'N포세대'처럼 학계 안팎에서 공론화된 명명도, 'MZ세대'처럼 관용어가 된 명명도 있으나, 반짝 유행으로 등장했다 사라지는 명명도 부지기수다. 'N세대', 'Y세대', 'G세대', '신안보세대', 'IP세대', '글로벌P세대', '2.0세대', '달관세대', '잉여세대', '살코기세대', '영끌세대', '알파세대' 등.

1 〈한겨레〉(2023. 3. 19), https://www.hani.co.kr/arti/opinion/column/1084244.html.

〈그림 5-2〉 언론이 '청년'을 소비하는 방법[2]

3·1 운동 시기부터 현재까지 〈조선일보〉 기사의 청년 담론을 텍스트마이닝으로 분석한 연구에 따르면, 청년 기사 빈도가 가장 높은 시기는 근대 100년 기간 중 초기 30년(1920~1950)과 최근 20년(2000~2020)이었다.[3] 20세기 초반 일제 강점기에 구국과 계몽의 주체로서 청년 표상의 상대적 빈도가 도드라졌다면, 오늘날 청년 담론은 그 절대 빈도에서 단연 압도적이다. 특히 선거철이 되면 담론은 범람한다. 정당이든 언론이든 청년세대를 진단하고

---

2 〈KBS〉(2021. 7. 10). https://news.kbs.co.kr/news/pc/view/view.do?ncd=5230132.

3 남춘호·유승환(2021), "텍스트마이닝을 활용한 한국 언론의 청년담론 및 청년 개념 분석", 〈지역사회연구〉 29권 4호, 243쪽.

품평하는 방식으로 정치적 의지를 표출하기 때문이다.

천만이 넘는 사람들, 그 무수한 세계를 '한국의 청년세대'로 묶는 게 가능한가? 그 세대가 '공정을 갈구한다'고 말하는 게 합당한가? 학문적 개념으로서 세대는 언제나 논란거리다. 동시에 꽤 매력적이다. 이데올로기의 각축장이 된 20세기 초반 유럽에서, 만하임Karl Mannheim은 사회 변동의 주체로 계급이 아닌 세대에 주목했다. 역사적·문화적으로 유사한 환경에서 성장한 이들이 사회학적 의미의 '세대 위치'를 공유하고, 공통의 실천을 거쳐 '세대 단위'로 등장하면서 역사적 계기를 열어젖힌다고 보았다.

'산업화세대', '4·19세대', '민주화세대', 'IMF세대', '세월호세대' 같은 명명은 분명 동시대인이라는 인식 형성의 주된 요인으로 세대를 파악했던 만하임의 시각을 뒷받침한다. 민족과 국가 중심의 구속력이 강한 한국 사회에서 한 시대를 휩쓴 전쟁, 재난, 개발, 사회운동은 이를 공통으로 경험한 특정 코호트cohort[4] 사이에서 동류의식을 낳고, 다른 코호트와 어느 정도 구분되는 의식과 행위 양식, 규범과 태도를 형성하는 경향이 있다. 혹자는 분단의 영향으로 계급 담론이 충분히 힘을 발휘하기 힘든 한국 사회에서 세대 분석이 사회·정치적 변동을 쟁점화하는 우회로 역할

---

4 동일 시기의 출생자들을 지칭하는 방법론적 개념을 말한다.

을 했다고도 주장한다. 21세기 한국에서 세대론에 제대로 불을 지핀 《88만원 세대》의 공저자 박권일은 "불안정 노동의 전면화라는 계급적 문제에 세대론의 '당의糖衣'를 입힌 것"으로 자신의 책을 소개한 바 있다.

하지만 세대론은 그 유용성을 아무리 강조해도 찜찜함이 남는다. **지방 정부에서 관련 예산을 따내기 위해 청년 나이의 상한선을 올리는 데서 보듯, 연령 기준에 따라 세대를 획정하는 작업은 자의적일 수밖에 없다. 특정 연령대의 사람들이 비슷한 삶의 조건과 이해관계, 공통의 경험과 인식을 가진다는 가정이 신뢰할 만한 근거가 있는지도 의문이다.**

서울역 맞은편의 동자동 쪽방촌에서 내가 만난 60년대생 남성들은 공장 재단사, 신문 배달부, 일용직 노동자, 중국집 요리사, 뱃사람, 결핵 환자로 1980년대를 보냈다. 이들이 1987년 6월 항쟁 당시 서울시청 부근을 지났다 한들 당시 시위에 적극적으로 참여했던 대학생과 '공통의 경험'을 했다고 말할 수 있을까? 후자의 독특한 경험을 중심으로 형성된 '86세대' 범주에 전자는 낄 자리가 없다. 세대 일부가 보이는 특징을 과대 해석하여 해당 세대 전체의 특징으로 일반화한다는 비판이 제기되는 이유다.

불평등 연구자들에게 세대론은 찜찜함을 넘어 해악에 가깝다. 계층, 젠더, 학력, 지역, 가치, 이념 등 세대로 묶인 집단 내부의 다양성과 이질성도 크거니와, 부의 세습과 가난의 대물림이 노골적으로 벌어지는 한국 사회에서 불평등이란 단순히 세대 '내' 또는 세대 '간'의 문제로 설명될 수 없기 때문이다.

사회학자 신진욱은 세대를 특정 집단이 아닌 관계로 보고, 관계의 구조와 역동성을 탐색할 것을 제안한다. "이전 세대보다 지금 세대가 내 집 마련이 어려워진 것이 아니라, 젊은 세대로 올수록 30대까지 집을 마련할 수 있는 계층과 그렇지 못한 계층의 간극이 커졌다"는 사실에 주목해야 한다는 주장이다.[5] 20~30대 청년을 '영끌세대'로 뭉뚱그리면 보이지 않는 세습 자본주의의 민낯이다.

흥미롭게도 세대론은 그 허점과 해악을 누구나 안다 해도 쉽게 위축되지 않는다. 특히 전술한 대로 최근 한국 사회에서 청년세대 담론은 과잉 상태다. 무엇이 문제일까? 무엇보다 지난 한 세기 동안 규범이자 가치로 뿌리내린 것들이 별안간 흔들리고 낯설어졌다. 전상인이 '청년성'이라 부른, (혁신, 꿈, 미래, 변화, 가능성처럼) "현실의 살아 숨 쉬는 청년이라면 마땅히 가져야만 하는 속성"들이 더는 당연하게 여겨지지 않고 있다.[6]

'청년세대'는 사실 근대의 발명품이다. 아동기, 청년기, 성인기, 노년기라는 연대기적 시간을 제도화하고, 각 시기에 해야

---

5 신진욱(2022), 《그런 세대는 없다》, 개마고원, 189쪽.

6 전상인(2018), 《세대 게임》, 문학과지성사, 66쪽.

할 역할을 규범화하는 근대적 시간성을 따라, 청년세대는 임금노동을 통한 사회적 생산과 결혼과 출산을 통한 인구 재생산을 준비해야 할 집단으로 가정되어 왔다. 또한 20세기 전후에 식민지 경험을 거쳐 국민 국가로 발돋움한 다른 나라들과 마찬가지로, 한국의 청년세대는 외부 침략에 저항하고 역사의 진보를 책임져야 할 사명을 오랫동안 자임했다.[7]

그런데 오늘날 한국 사회에서 펼쳐지는 풍경은 꽤 기이하다. 많은 청년이 일할 수 없다고, 일하지 않겠다고 한다. 결혼할 수 없다고, 결혼하지 않겠다고 한다. 여성 청년이 출산을 포기하거나 거부한다. 애국, 저항, 연대 같은 단어에 들뜬 청년을 예전만큼 찾기 어렵다. 1990년대 OECD에 가입하고 경제 위기의 시련을 거쳐 2020년대 선진국 입성을 자축하는 대한민국 국가의 선형적 시간과 유예·끊김·역주행을 거듭하며 방향을 종잡기 힘든 청년의 시간이 서로 엇박자를 탄다. 청년을 (재)생산 기계로 삼아 지난 세기와 같은 방식의 발전을 추구했던 국가에는 재앙이다. OECD 회원국 중 빈곤율이 가장 높은 수준이라는 노인 인구보다, 청년 인구가 세간의 관심을 더 많이 받는 배경이다.

---

7 조문영 엮음(2021), 《문턱의 청년들》, 책과함께, 12쪽.

2. 청년을 문제화한 조건들

무엇이 바뀌었을까? **지난 20여 년 동안 한국 사회에서 '청년'을 쟁점으로 등장시킨 조건들을 간단히나마 짚어 보자.**

첫째, 1990년대 말 국가 부도 위기와 IMF 구제 금융을 거치면서 본격화된 신자유주의적 구조 조정은 — 기업이 '유연화'로 포장하는 — 노동 시장의 불안정성을 고조시켰다. 기존의 표준 고용관계에서 벗어난 비정형 노동non-standard work이 확대된 것은 물론, 점점 줄어드는 양질의 정규직 일자리와 그렇지 못한 일자리가 양분되는 노동 시장 이중구조가 굳어졌다. 이른바 '공정성'은 극심한 경쟁을 통과해 안정적인 일자리에 입성한 청년이 스스로를 보호하고, 자신을 '낙오자'와 구별하기 위한 방패용 단어가 됐다.

둘째, 출산, 양육 및 가족 유지를 위한 돌봄 노동을 포괄하는 사회적 재생산의 구조가 변화했다. 경제적 불확실성에 대한 대응으로든, 인적 자본으로서의 가치를 높이기 위해서든, 여성이 가정 바깥에서 유급 노동에 참여하는 게 당연한 세상이 됐다. 하지만 여성 일자리가 저임금 비정규직에 집중되는 경향은 여전하며, 가정 내 사회적 재생산을 여성의 무임 노동에 의존하는 종래의 관행 역시 사라지지 않았다. 이중 난관이 직장 여성의 경력 단절을 부추기는 상황에서 점점 더 많은 여성 청년이 결혼, 출산, 양육을 포기하거나 거부하는 '합리적' 선택을 하고 있다.

셋째, 글로벌 교류가 대중화되고 디지털 미디어와 기술 혁신이 거듭되면서, 오늘날의 청년들은 과잉 연결 시대를 살아가고 있다. 영어 문해력을 갖추고 해외여행이나 체류 경험이 많은 청년들이 교육, 취업, 비즈니스, 게임, 자원활동, 액티비즘 등 다양한 영역의 세계화를 주도하고 있다. 글로벌 이동 역량이나 자원이 부족한 청년들은 이런 흐름에서 단순히 배제되지 않았다. 자원 불모의 오프라인 환경과 각종 콘텐츠가 범람하는 온라인 환경에서 동시적 삶을 살면서, 이들 역시 타인과의 비교와 소통에 몰입하는 '관심경제attention economy'에 깊이 연루되어 있다. '디지털 네이티브' 청년들일수록 프랑코 '비포' 베라르디가 "사회 · 소통적 전염병"이라고까지 표현한 과잉 접속 상태의 불안, 반대급부로서의 고립과 은둔, 확증 편향을 유도하는 알고리즘, 사이버 (성) 폭력의 위험에 노출되어 있다.

넷째, 오늘날의 청년들이 직면한 자본주의 체제는 부모세대의 산업자본주의와 질적으로 다르다. 유튜버나 인플루언서 같은 직업에서 보듯 아이디어 · 언어 · 이미지 · 정동 · 소통이 생산의 주된 원천으로 부상한 인지자본주의cognitive capitalism, 플랫폼 기술의 발달로 금융 투자가 일상화되고 삶의 거의 모든 것이 자산으로 변환되는 금융 · 자산 기반 자본주의, 사회 혁신이나 ESG(환경 · 사회 · 지배 구조) 경영에서 보듯 기업이 사회적 가치를 리스크 관리를 위해 적극적으로 고려하는 윤리적 자본주의 환경은 청년의 삶과 일 경험에 어떤 영향을 미칠까?[8] 삶과 노동, 생산과 소비, 투자와 놀이, 활동과 비즈니스의 구분이 모호해지고 서로 뒤섞이는 세계에서 청년 노동자, 기업가, 투자자의 주체성은 이전과는 상당히 다를 것이다.

끝으로, 불확실성이 전면화된 시대에 성인이 된 청년들은 고용 불안, 지정학적 위기뿐만 아니라 지구 환경의 지속 불가능성과 마주하고 있다. 팬데믹과 갈수록 악화하는 기후재난은 미래에 대한 회의를 넘어 '탈-미래de-futuring'를 부추기기까지 한다. 발전 · 진보 · 성취가 더는 당연하지 않은 시대, 인간을 포함한 자연 세계가 쇠퇴 · 붕괴 · 소멸로 치닫는 시대에 어떻게 살고, 일하고, 사랑하고, 아이를 낳고 키울 것인가? 근대의 선형적 · 목적론적 시간성은 여전히 견고한 통치 기제로 남아 있지만, 이전과 다른 삶에 대한 정치적 · 윤리적 · 실존적 고민과 응답도 다양하게 터져 나오고 있다.

---

8 산업자본주의에서 인지 · 금융자본주의로의 단선적 변화를 주장하는 게 아니다. 제조업을 비롯한 공장 생산은 여전히 중요하나, 기술 · 지식 기반 산업이 헤게모니를 행사하면서 노동과 생산, 사회 구성 전반에서 변화를 추동한다는 것이 나의 요지다.

3. 청년세대의 수행성

전술한 조건들은 물론 청년세대에만 영향을 끼치진 않았다. 경제, 노동, 돌봄, 생태 등 전 영역에 걸쳐 반복되는 위기에서 자유로운 세대는 없다. 다만 근대의 표준 생애 주기에서 청년에게 기대되는 삶의 양식이 더는 당연한 과업이 아니게 되었다는 점, 그럼에도 발전주의 기치 아래 청년의 생애와 국가의 생애를 접붙이고, 사회적 생산과 재생산을 청년의 책무로 여기는 관행은 온존하고 있다는 점을 눈여겨볼 필요가 있다. '청년이 없으면 미래도 없다'는 빛바랜 문구가 정치인, 기업가, 언론인의 발화에서 여전히 등장할 때마다, 청년을 진보의 기수로 호명해 온 역사의 관성을 실감하지 않을 수 없다.

'청년'을 (관심과 개입이 요구되는) 사회적 문제로 등장시킨 조건들이 모든 청년의 삶에 같은 정도로 영향을 미친 것도 아니다. 출생 당시에 이미 존재하는 역사적·구조적 환경을 무시할 수 없다는 점이 세대론에 힘을 싣지만, 이 환경이 계층, 성정체성, 학력, 직업, 지역이 천차만별인 천만 인구에게 같은 무게로 등장할 리 없다. "부모님이 IMF 때 사업이 망해서 …"로 장학금 신청서의 운을 떼는 학생도 있지만, 엘리트 전문직 부모를 둔 학생한테 'IMF'는 인생의 그다지 중요한 변곡점이 아니었을 수도 있다.

〈그림 5-3〉《쇳밥일지》 표지

지식, 생각, 아이디어가 소셜 미디어 플랫폼을 통해 모이고 흐르는 인지자본주의 세계는 불평등·차별·혐오를 강화하기도, 새로운 틈새를 내기도 한다. “산업재해, 저임금, 인간관계의 삼각형 감옥”에 갇혀 살던 마산 출신 용접공 천현우는 20~30대 공장 노동자의 현실을 페이스북에 알린 덕분에 작가의 삶을 시작할 수 있었다. “내가 모르는 곳에서 내 이름이 활발하게 움직이고 있었다.”[9] 하지만 베스트셀러 작가가 된 후 가진 독자와의 만남을 돌아보면서, 그는 동갑내기 서울 청년, 특히 여성을 가장 상대하

9 천현우(2022), 《쇳밥일지》, 문학동네, 226쪽.

기 어려운 청중으로 꼽았다. 공장 노동의 생애를 어디서부터 설명할지 막막했고, 자신에게 익숙한 지방의 가부장적 환경이 "업데이트가 별로 안 된 세상"이었다는 당혹감이 밀려왔다.[10]

청년세대 내부의 이질성에 눈감으면서 '한국 사회 청년은 이러이러하다'고 내놓는 분석은 결국 연금술에 가깝다. 지난 20여 년 동안 청년세대에 관해 쏟아져 나온 수많은 출간물은 저자가 전달하고 싶은 메시지를 중심으로 자신의 '청년'을 만드는 작업이기도 했다.

《88만원 세대》(2007)와 《90년생이 온다》(2018)라는 베스트셀러를 비교해 보자. 두 권의 책에서 등장한 '88만원 세대' 청년과 '90년생' 청년은 부모세대에 비해 녹록지 않은 경제 환경에서 고투한다는 점에서는 공통적이나, 삶에 대한 태도나 정서는 사뭇 다르다. 《88만원 세대》가 자기 계발과 무한 경쟁의 악순환에 빠져 탈진 상태라면, 《90년생이 온다》는 간단, 재미, 솔직함을 추구하는 생활인이다. 전자가 후자보다 10년 전에 나왔으니 80년대생과 90년대생의 차이라고 봐야 할까?

그보다 저자들이 청년을 호명해 낸 목적이 달랐다는 점에 주목해야 한다. 《88만원 세대》 저자 우석훈과 박권일은 열심히 일해봤자 비정규직의 삶에서 벗어나기 힘든 청년들이 제 권리를 지키

10 "《쉿밥일지》 저자와의 만남", 〈리뷰의 발견〉, https://www.youtube.com/watch?v=CzmB97QPS1k.

〈그림 5-4〉《88만원 세대》 표지

〈그림 5-5〉《90년생이 온다》 표지

기 위해 바리케이드를 치고, 짱돌을 들어 목소리를 내길 바랐다. 반면 《90년생이 온다》 저자이자 마케팅 전문가인 임홍택은 기성세대 기업인에게 청년 신입 사원, 청년 소비자의 트렌드를 알려 주고자 했다. 책 표지는 사뭇 대조적이다. '88만원 세대' 청년은 태엽에 감긴 채 고개를 떨군 반면, '90년생' 청년은 붉은 깃발을 치켜들고 당당히 행진한다.

둘 중에 누가 진짜 한국의 청년세대인지 묻는 것은 어리석은 질문이다. 오히려 주목할 것은, 지난 20여 년 동안 청년세대가 다양한 행위자들에 의해 수행성performativity의 장이 되었다는 점이다.

정부, 기업, 대학, 언론, 그리고 청년 '당사자' 집단이 특정 시기에 특정 화두로 특정한 청년을 등장시켰다. 이 행위자들이 온라인과 오프라인에서 때로 경합하고 때로 공모하면서 어떤 배치를 만들어 내는가에 따라 청년은 각기 다른 모습으로 탈바꿈됐다.

버틀러Judith Butler는 발화 그 자체로 이미 행위가 이루어진다는 언어철학자 오스틴John L. Austin의 수행성 논의를 차용하여 '젠더 수행성' 개념을 제안했다. 젠더는 타고난 성별이 아니라, 우리가 어려서부터 신체를 명명하고 규정하는 담론과 관습을 따르면서 특정한 성별을 수행하는 행위이다. 이 논의로부터 청년 연구자 김선기는 "우리가 젠더의 내적 본질이라고 여기는 것이 반복적·의례적 행위를 통해 만들어"지듯이, 세대 역시 행위에 의해서만 드러난다는 점을 강조했다.[11] 담론과 실재가 분리된 게 아니라, "'청년세대' 담론이, 그 담론이 말하는 '청년세대'를 마술적으로 만들어 내는 것이다."[12]

수행성 이론을 통해 내가 강조하고 싶은 바는 '청년세대'를 선험적으로 정의하거나 일목요연하게 정리하려는 시도는 가능하지도 합당하지도 않다는 점이다. **공론장에서의 청년은 특정한 순간에 특정한 배치assemblage로서, 다시 말해 사람·사물·제도·미디어 등 이**

11 김선기(2017), "청년-하기를 이론화하기", 〈문화와 사회〉 통권 25호, 194쪽.
12 김선기(2019), 《청년팔이 사회》, 오월의봄, 154쪽.

질적 요소들이 결합하면서 새로운 관계를 만들고 영향력을 행사하는 얽힘의 과정이자 일시적·잠정적 결과로서 등장할 뿐이다. 한국 사회 공론장에서 부상한 '청년'을 이해하고 싶다면 질문을 바꿔야 한다. 우리 시대 청년은 누구이며 어떠한가를 묻는 대신, 다른 질문을 던져야 한다. 어떤 청년이 한국 사회 공론장에서 '청년세대'의 대표로 등장했는가? 이 등장은 어떤 과정을 거쳐, 어떤 요소들의 배치를 통해 가능했는가?

다음에서는 한국 사회에서 최근 10여 년 동안 등장한 청년 표상과 담론 일부('밀레니얼 청년', '이대남 대 이대녀', 'MZ세대 공정론')를 소개하고, 이를 등장시킨 배치를 간단히 살필 것이다. 세심하게 요소들 사이의 연결을 따라가며 배치를 전면화하는 작업은 추후의 과제로 남아 있다. **나의 목적은, 이러한 청년 표상·담론이 일시적이고 잠정적인 배치일 뿐임을 환기하고, 세대 표상을 그 자체로 세대에 대한 진실로 만들어 청년을 문제화·타자화하는 경향에 신중해야 함을 강조하는 것이다.**

4. '밀레니얼 청년'의 배치

'MZ세대'가 미디어 공론장을 휩쓸기 전에, 미국에서 통용되던 밀레니얼 세대millennials 명명이 국내에서도 한동안 유행했다. "청소년 때부터 인터넷을 사용해 모바일, 소셜 네트워크 서비스SNS 등 정보기술IT에 능통하며 대학 진학률이 높다"는 《시사 상식 사전》의 풀이로 보자면, 한국 사회에서 압도적으로 많은 대학생, 대졸자 청년이 모두 '밀레니얼 청년'에 해당한다. 하지만 이 단어는 주로 기업을 중심으로 배치된다. 특히 스타트업계에서 '혁신', '변화', '창조', '기술', '아이디어', '소셜', '사회적 가치', '임팩트' 같은 단어들을 아우르는 일종의 우산으로 등장한다.

나는 2017~2018년 소셜 벤처Social Venture가 밀집한 서울 성수동에서 인류학 현장 연구를 수행했다.[13] 스타트업 강연과 포럼, 스타트업이 투자자와 대중을 상대로 아이템을 소개하는 데모 데이Demo Day, 업계 사람들이 정보를 주고받는 밋업Meetup 등에 참여하면서, 청년세대에 관한 여러 명명 가운데 '밀레니얼 세대'가 특히 사회 문제를 창업으로 해결하려는 소셜 벤처의 이상과 맞물려

---

13 이 절은 조문영(2018), "청년자본의 유통과 밀레니얼 세대-하기", 〈한국문화인류학〉 51권 3호의 내용을 부분 인용했다.

적극적으로 호명되는 현상에 주목했다. 물론 벤처 창업을 청년 실업 대책으로 활용하고, 벤처에 뛰어든 청년을 창의성과 주도성을 갖춘 주체로 호명하는 흐름은 IMF 경제 위기 직후의 벤처 창업 열풍을 돌아봤을 때 그다지 새로울 것도 없다. 20년 전 유행한 '신지식인'처럼, '밀레니얼 세대' 담론도 청년을 국가와 기업의 미래 성장 동력으로 등장시켰다. 이 담론이 내세우는 '자율적 청년'의 표상은 '88만원 세대' 담론이 구축한 '불안정한 청년'의 표상과 달리 긍정의 서사를 추동하며, 이미 수명이 다한 듯 보였던 '청년'과 '미래'의 결합을 가능케 한다.

배치가 과거와 달라진 점도 주목할 필요가 있다. '신지식인'이 김대중 정부가 국가 차원에서 주도한 담론이었다면, **'밀레니얼 세대' 담론은 정부, 기업, 대학이나 공익 재단의 합종연횡을 통해 다차원적으로 유포되며, 비즈니스 언어와 스타일에 최적화된 방식으로 생산 · 유통 · 소비된다.** 중요한 것은, 청년들이 실업 위기를 창업 호기로 전환하려는 주체들에게 단순히 이용당하는 것이 아니라 자신의 이해와 열망을 적극적으로 투기speculate하면서 비즈니스에 참여한다는 점이다. 다시 말해, **'밀레니얼 세대' 담론은 윤리적 · 창조적 자본주의 흐름과 청년들의 기업가적 지향이 서로 맞물린 결과다.** 글로벌 경제 위기가 반복되면서 기업이 리스크 관리 차원에서라도 사회적 · 환경적 책임을 고려해야만 하는 시대, 네트워크와 커뮤니티가 플랫폼 비즈니스의 성패를 좌우하게 된 시대는 동시에 청년들이 자기 계발뿐 아니라 인권, 민주주의, 세계시민적 감수성을 벼리면서 새로운 지식과 아이디어를 다양한 미디어로 구현해내는 시대이기도 하다. 젊은 소셜 벤처 종사자들은 '나'의 경쟁력이 내 삶의 의미와 재미를 추구하면서 확보된다는 믿음, 더 나아가 나의 행복과 사회의 행복이 연결되어 있다는 믿음을 제품 컨셉으로, 공모사업 스토리로, 스타트업 생태계 핵심가치로 구현해 내면서 '밀레니얼 청년' 담론에 활력을 불어넣었다.

하지만 '밀레니얼 청년'의 배치는 자기 삶의 기업가가 되라는 신자유주의적 명령 아래 모든 청년을 연결해 내는 방식으로 작동하지 않는다. 일에 대한 열정, 발랄함, 추진력을 갖췄나고 해서 누구나 소셜 벤처 생태계에서 환영받는 것은 아니다. 스타트업은 대기업과 다른 수평 문화를 강조하나, 리스크를 줄이려는 투자자는 젊은 창업자의 명성, 학력, 인맥을 먼저 고려한다. 얼핏 보면, 서울 성수동의 개방형 카페나 코워킹 스페이스(공유 작업공간)는 입주자들의 평등성을 공간의 미학으로 구현한 것처럼 보인다. 하지만 그곳에서 커뮤니티와 네트워크를 만들어 내기 위해 어떻게 소통해야 하는지, 영어로 디자인된 자기소개 공간을 어떤 스타일로 채우는 게 매력적인지 누구나 쉽게 알 수 있는 것은 아니다.

다시 말해 '밀레니얼 청년'의 자격은 그냥 주어지지 않는다. 일정한 교육·문화 자본을 습득하고 특유의 매너, 취향, 감수성으로 교감할 수 있어야, 변동성이 큰 스타트업 환경에서 리스크를 길어도 무리가 없을 만큼 안정된 경제력을 갖춰야 창업 커뮤니티에서 자신의 청년성을 자본화할 수 있다. 그렇지 못한 청년들은 정부, 기업, 재단이 일자리 대신 각종 지원 사업을 통해 조성한 창업 '돌봄'의 생태계에 의존할 수밖에 없고, 능력과 자본 없이 지원만 좇는 '좀비' 취급을 받기 일쑤다.

5. '이대남 대 이대녀'의 배치

'밀레니얼 청년'이 정부, 기업, 대학, NGO 등 다양한 주체가 혁신, 창조, 기술, 아이디어, 소셜 등의 가치를 기호화·제도화하고, 창업과 비즈니스를 중심으로 긴밀하게 연합하는 가운데 등장했다면, '이대남 대 이대녀'는 정치권과 언론을 중심으로 한 배치가 두드러졌다. 제도화된 민주주의 사회에서 '세대 게임', 즉 "사람들이 세대에 주목하도록 판을 짜서 어떤 전략적 이익을 얻고자 하는 활동이나 움직임"은[14] 선거철마다 지독하리만치 활발해진다. 특히 '이대남 대 이대녀' 구도로 탄생한 청년은 소셜 미디어나

온라인 커뮤니티를 중심으로 확산하던 이른바 '젠더갈등'이 정당과 언론의 세대 게임에 적극적으로 동원되고 증폭된 결과이다. 동시에 이 과정에서 '어떤' 청년의 행위자성이 적극적으로 발현된 결과이기도 하다. '밀레니얼 세대' 담론 형성에 자신을 기업가로 주체화하는 청년들이 일정한 역할을 한 것처럼, '이대남 대 이대녀' 담론이 집요한 수행성을 발휘하게 된 것도 청년들이 극히 일부일지라도 자신의 목적을 위해 제도 정치와 공모했기 때문이다.

2021년 서울시장 보궐선거에서 국민의힘 오세훈 후보의 20대 남성 지지율이 72.5%에 달하자 더불어민주당은 '남녀평등 복무'와 같은 제안을 내놓으면서 20대 남성을 한 덩어리로 묶어 냈다.[15] 보궐선거 이후 남초 커뮤니티는 온·오프라인을 연결하며 본격적인 정치 조직화 행보를 보였고, 성평등을 제도화하는 움직임을 공정을 거스르는 역차별이라며 비난해 온 국민의힘의 젊은 당대표와 정동적情動的으로 밀착했다.

이후 대통령 선거전에서 윤석열 후보가 어떤 설명도 생략한 채 '여성가족부 폐지'라는 공약을 발표하자, 페미니즘 대중화 이후 '억울함'의 정서를 공유해 온 남성들의 효능감은 절정에 달했

14 전상인(2018), 《세대 게임》, 문학과지성사, 5쪽.

15 선거에 관한 분석은 조문영(2022), "청년은 없다", 〈문학동네〉 111호의 내용을 부분 인용했다.

다. 2021년 11월에서 2022년 3월 사이 리얼미터와 한국갤럽이 시행한 대선 여론 조사만 무려 25회였고, 기타 기관과 지역별 조사를 합하면 헤아리기도 어렵다. 이러한 여론 조사는 연령, 성별, 지역 같은 특정 범주로 개인을 묶음으로써 개인의 복잡성과 서로 간의 연결성을 절단했고, 정치권과 언론은 20~30대 남녀의 후보·정당 지지율을 줄기차게 보도하면서 각자의 이해관계에 따라 의미를 선별했다.

특히 보궐 선거 이후 **성별에 따른 청년세대 투표에 주목해온 미디어는 양적 연구 권위자를 소환하고 각종 통계 조사 결과를 동원해 '페미니즘에 적대적이고 보수적인 이대남'과 '페미니즘에 우호적이고 진보적인 이대녀'라는 프레임을 생산했다.** 젠더갈등을 전면화한 수행성의 정치는 실로 강력해서, 다른 청년을 등장시키려는 어떤 시도도 별 힘을 발휘하지 못했다. 자신은 안 그렇다고 억울해 봤자 소용이 없었다. 청년 당사자 운동에 힘써 온 단체들이 노동, 주거, 지역, 젠더, 기후 등 다양한 측면에서 후보들의 청년 공약을 평가했지만, 정당, 언론, 유권자 모두 그다지 귀 기울이지 않았다. '이대남-이대녀' 프레임에 대한 거센 비판마저 이 프레임을 더 도드라지게 할 뿐이었다.

결국 윤석열 국민의힘 후보가 20대 대통령으로 당선되자 언론은 20대의 성별 지지도를 대서특필했다. 지상파 방송 3사의 출구

조사 결과 20대 이하 남성과 여성이 윤석열 후보를 각각 58.7%, 33.8%, 이재명 후보를 36.3%, 58.0% 지지했다며 선거 기간 동안 여론 조사가 보여 준 대로 '이대남'과 '이대녀'의 정치 성향이 극명하게 갈라졌다고 보도했다. 사실 20대 청년의 인구 규모를 고려하면 윤석열 후보를 지지한 33.8%의 여성과 이재명 후보를 지지한 36.3%의 남성은 미미한 숫자가 결코 아니다. 그럼에도 언론은 이들을 자신이 구축해 낸 '20대 남자', '20대 여자' 범주 바깥으로 몰아내고 투명 인간 취급하면서 젠더갈등 효과를 갑론을박하느라 바빴다.

'이대남 대 이대녀'의 배치는 결국 선거라는 핵심 사건을 둘러싸고 정치인, 언론인, 청년, 그래프와 숫자로 기호화된 여론 조사, 디지털 미디어 등 다양한 인간·사물 행위자가 연합한 결과다. 이 배치는 성별 정체성을 전면화하고, 관심·취향·견해의 선택적 집중을 극대화하는 방식으로 등장했다. 그러나 대선 이후 '이대남', '이대녀' 단어의 출몰 빈도가 정치권에서든 언론에서든 급속하게 줄어든 사실은 이 배치가 얼마나 취약하고 불완전한 것인지 여실하게 보여 준다. 그럼에도 20~30대 청년들의 연애·결혼·출산 비율이 최근에도 계속해서 감소하는 데서 보듯, 젠더갈등의 경향과 패턴이 기정사실로 취급되고, 다시 실재가 되는 수행성의 효과는 상당한 지속성을 발휘한다.

6. 'MZ세대 공정론'의 배치

대한민국 청년을 규정짓는 연금술 중 가장 '약발'이 통하는 소재가 이 책을 관통하는 주제인 공정일 것이다. 김정희원이 그의 책 《공정 이후의 세계》(2022)에서 주장했듯이, 공정성 담론은 구조적·역사적 불평등을 무화시키고, 개인의 노력만으로 설명될 수 없는 사회적 맥락의 효과를 지워 버리고 만다. 그럼에도 공정은 한국 사회에서 가장 논쟁적인 화두가 됐다. 팬데믹 시기에도 공론장을 가장 뜨겁게 달군 주제는 기후 변화가 아니라 공정과 능력주의였다.

대표적으로, 2020년 인천공항공사가 추진한 보안 검색 업무의 정규직화는 '불공정' 논의에 제대로 불을 지폈다. 생명, 안전, 보안 책임이 막중한 국제공항에서 전체 인원의 80퍼센트 이상이 외부 업체에 아웃소싱된 기형적 구조에 대해 오랜 비판이 있었으며, 2017년부터 공사 경영진, 비정규직 노동자 대표, 관련 전문가가 모여 직접 고용에 합의하고 사안을 단계적으로 추진해 왔다. 갑작스러운 결정이 아님에도, 한 기업에서 추진한 개혁이 '인천국제공항(인국공) 사태'라는 대형 사건으로 비화했다. '로또 취업'이라고, 취업준비생(취준생)의 일자리를 가로챘다고, 시험이라는 '공정한 룰'을 무시했다고 공사 안팎에서 비난이 들끓었다.

〈그림 5-6〉 인천국제공항공사노동조합의 '인국공 사태' 해결 촉구 집회[16]

앞서 21세기 한국 사회에서 청년을 문제화한 조건들을 검토하며 짚었듯이, 고용 불안과 노동 시장 이중구조가 굳어진 한국 사회에서 '공정'이 많은 청년에게 절실한 화두로 부상했음을 부인하긴 어렵다. 미래 전망은 한없이 불투명한데 부모세대에 강력하게 작동했던 발전주의 신화를 포기할 수도 없는 청년들이 자기계발과 경쟁을 일찌감치 삶의 준칙으로 체화했다는 점, 이들이 시험과 평가를 반복하며 성장하는 동안 사회에서 정당한 위치를

16 〈연합뉴스〉(2020. 8. 12), https://www.seoul.co.kr/news/newsView.php?id20220509500140.

갖는다는 것에 대해 특별한 의식과 감각을 연마하게 되었다는 점을 외면할 순 없다. 한때 천여 명을 채용했던 기업이 단 수십 명만을 공채로 선발할 때, 이 '수십 명'에 속하는 것 말고는 다른 삶을 상상할 수 없거나, 대안을 용기 있게 밀어붙일 안전망이 부족할 때, 주변과 사회를 돌아보는 마음은 앙상해질 수밖에 없다.

그런데 우리가 눈여겨봐야 할 것은, 청년들 사이에서 공정이 뜨거운 사안으로 부상한 게 '최근'은 아니란 점이다. 사회학자 오찬호가 《우리는 차별에 찬성합니다》라는 베스트셀러를 낸 것이 10년 전의 일이다. 그는 2008년 한 대학의 인권 수업에서 'KTX 여승무원들의 철도공사 정규직 전환 요구'를 주제로 다뤘던 일을 들려준다.

20대 학생들이 비정규직 노동자들의 열악한 상황에 관심을 기울이고 '정규직 전환' 움직임에 연대하는 게 중요하겠다 싶어 이슈를 꺼냈는데, 한 학생의 돌발 응답이 뒤통수를 쳤다. "날로 정규직 되려고 하면 안 되잖아요!" 다른 학생들도 그를 비판하기는커녕 동의, 공감, 옹호의 눈빛을 주고받는 걸 느낀 순간, 사이버 공간에선 자신만큼 '노력'했다고 여겨지지 않는 집단을 향한 차별과 배제가 더욱 노골적으로 수행되고 있음을 확인한 순간, 저자는 "암울한 시대에 암울하게 변해 버린 20대들"에 주목하지 않을 수 없었다. 아쉬운 것은, 저자의 구조적 문제 제기가 책의 논지를 대중화하는 과정에서 '20대'라는 단일한 범주와 세대론으로 축소됐다는 점이다. 비정규직 노동자들의 요구에 지지와 연대를 보내는 게 자신들에게 이득임을 보지 못하게 만드는 구조의 정체를 질문했음에도, 자신이 만난 청년들이 괴물이 된 세상에서 살아남기 위해 괴물이 됐다고 한탄하면서도, 저자는 '괴물이 된 20대의 자화상'이라는 책의 부제를 전면에 내세웠다.

특히, 구조적 환경에 적응·대응하는 과정에서 출현한 어떤 성향이나 태도에 관한 문제의식은 2010년대 전후로 정치 공론장에서 조야한 품성론으로 비화했다. 인터넷 커뮤니티를 포함해 대중적 정치 공론장이 만개하면서, 투표하지 않는 청년, 정치적 변화를 갈망하지 않는 청년, 제 입장을 지지하지 않는 청년을 싸잡아 비난하는 이른바 '20대 개새끼론'이 불거졌다. '요즘 20대'를 둘러싼 품성론은 상대를 응징해야 내가 사는 양당 체제의 정치적 셈법을 따라 더욱 복잡한 형태로 진화했다.

공정은 지난 대선에서 후보들이 모두 핵심 공약으로 내세운 데서 보듯 만인이 불평등 피해자를 자처하는 시대의 핵심가치로 부상했으나, 이 가치를 '게임 체인저'로 삼으려면 새로운 배치가 필요했다. 선거판의 투기꾼들은 품성론, 공정 모델, 세대론을 각자의 이해관계에 따라 새롭게 연결하고 조립하면서 '기득권 기성세대' 대 '희생자 청년세대', '위선적인 586세대' 대 '공정을 추구하는 청년세대'와 같은 프레임을 생산해 냈다.

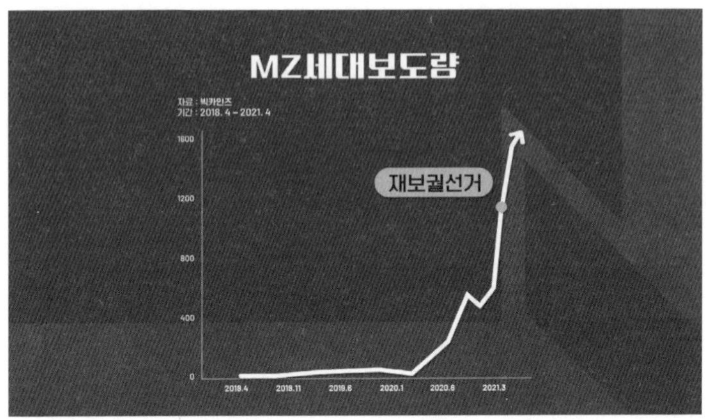

〈그림 5-7〉 2023년 4월 서울과 부산 시장 재보궐 선거를 앞두고 급증한 'MZ세대' 보도량[17]

《386 세대유감》(2019), 《불평등의 세대》(2019)처럼 청년의 불안정성이나 한국 사회 불평등 구조를 '세대'라는 프리즘을 통해 분석하는 책들이 저자들의 의도와 상관없이 진영 논리를 강화하고 세대 간 갈등을 부추기는 과정에 공모했다.

세대 게임은 선거 이후에도 곧바로 소멸하지 않고 세대 담론으로 굳어지면서 사람들의 의식과 감각에 깊이 관여한다. 이른바 'MZ세대 공정론'은 현재까지도 집권 세력이 자신의 이념과 가치에 반하는 노동조합, 시민단체, 언론 등을 심판하는 무기로 강력

17 〈KBS〉(2021. 7. 10). https://news.kbs.co.kr/news/pc/view/view.do?ncd=5230132.

한 수행성을 발휘하고 있다. "강성 노조의 폐해 종식 없이는 대한민국 청년의 미래가 없다"는 대통령 담화를 보라. '청년 당사자', '2030 대표'로 정치 무대에 등장한 청년 역시 '공정'과 '불공정'을 감별하고 심판하는 역할을 자임했다. "문재인 정부는 '불공정'했다. 내로남불과 강남 좌파, 두 개의 단어로 문재인 정부의 모든 걸 설명할 수 있을 정도였다. … 이제 청년들은 기득권의 정의와 기성세대의 공정을 믿지 않는다."[18]

중요한 점은, 이러한 배치를 교란하는 집단 역시 같은 세대에 속한 청년이란 사실이다. 주거권 운동에 참여해 온 '1990년생' 이한솔은 'MZ'를 '청년'의 동의어로 만든 상징폭력에 반발하며 칼럼에 다음과 같이 썼다.

> 어디에 기댈 곳이 없어서 혼자 살아남기를 선택한 청년들에게, 정치가 버팀목이 되기보다 생존의 영역과 가장 관계없는 사람들만 'MZ'로 불러내서 자기들끼리 신나게 떠들고 있다. MZ로 호명되는 사람들과 내가 기억하는 시간이 다르다면, 그냥 나는 MZ가 아닌 걸로 하겠다.[19]

---

18 박민영(2021), 《20대 남자, 그들이 몰려온다》, 아마존북스, 11쪽.
19 이한솔(2023. 4. 10), "누가 MZ인지는 모르겠으나 나는 아닌 걸로 하자", 〈경향신문〉.

정치·운동·미디어가 결합하면서 정치 공론장에서 '청년'이 주요 의제로 부상했을 때, 공정 담론을 청년 의제로 선취하면서 'MZ세대 공정론'을 강화하는 주체도, 기후, 주거, 노동, 젠더 등 더 너른 주제들을 청년 의제로 새로 발굴하면서 다른 배치를 도모하는 주체도 모두 청년이다.

7. 다른 청년, 다른 배치

지금까지 살폈듯이, **우리가 논하는 청년이란 한국 사회에서 '청년'을 쟁점으로 등장시킨 다양한 조건들 가운데 일부를 선별하고 조합해 '청년세대'를 명명하는 작업이 반복적으로 수행된 결과다.** '밀레니얼 청년', '이대남 대 이대녀', 'MZ세대 공정론'의 배치는 — 부분적으로 교차할지라도 — 모두 다르다. 정부, 기업, 대학, 언론, 청년 당사자 등 여러 주체가 이합집산하면서 특정한 국면에 특정한 주제 아래 특정한 청년을 등장시켰을 뿐이다.

단언컨대 '청년세대'를 선험적으로 정의하거나 일목요연하게 정리하려는 시도는 가능하지도 합당하지도 않으며, 더 나아가 위험하기까지 하다. 세대 간 불평등의 서사는 기득권층의 세대 간 결속과 동맹을 볼 수 없게 하며, 청년세대를 '약자', '피해자', '희생자'로 묶어 두는 경향은 — 빈곤 통치하의 수급자처럼 — 청년을 온정주의와 낙인의 함정에 빠뜨린다. 청년 연령대에 집중된 고용·주택·금융·복지 정책과 제도는 부분적으로는 후술할 청년 당사자 운동의 성과이나, 선거철의 선심성 공약들은 결국 청년들의 '의존성'에 관한 사회적 우려로 부메랑이 되어 돌아온다.

한국 사회 공론장에서 부상한 청년을 이해하고 싶다면, 그런데 공론장에서의 청년이 특정한 순간에 특정한 배치로서 등장할 뿐이라면 결국 질문이 바뀌어야 한다. 우리 시대 청년은 누구이며 어떠한가를 묻는 대신, 다른 질문을 던져야 한다. 천만 인구 중에 어떤 청년이 한국 사회 공론장에서 '청년세대'의 대표로 등장했는가? 이 등장은 어떤 과정을 거쳐, 어떤 요소들의 배치를 통해 가능했는가? **이러한 배치가 일시적·잠정적인 것에 불과하다면 질문은 좀 더 실천적인 성격을 띨 수도 있다. 기존의 '청년' 배치 중 어떤 흐름과 단절하고 어떤 흐름을 새로 연결해 내면서 새로운 배치로서의 '청년'을 만들어 낼 것인가?**

이 글에서 자세히 다루지 않았지만, 쟁점으로서의 청년은 지난 10년 동안 활발하게 전개된 '청년 당사자 운동'의 성과이기도 하다. "단군 이래 최고 스펙"이라는 고학력 청년들이 자신들을 수술대에 눕혀 놓고 온갖 진단과 치료법을 왕왕대는 무리를 잠자코 지켜볼 리 없다.[20] 입시 경쟁 시스템 속에서 원하든 않든 상당한 교육·문화 자본을 축적한 청년들은 기존 체제를 비판하고 넘어서기 위한 목적으로 자신의 자본을 전유하고 활용하기 시작했다. 청년유니온(2010년), 알바노조(2013년), 민달팽이유니온(2011년), 청년연대은행 토닥(2013년) 등 새로운 운동 조직이 잇따라 등장했다. 이 운동의 참여자들은 '불안정 노동자이자 주거 · 금융 취약 계층으로서의 청년'을 의제화하고, 정부의 청년 정책 설계와 실행에 직접 참여하고, 행정 거버넌스와 자율적 활동, 연구와 사회운동이 혼종으로 뒤섞인 청년 현장을 만들어 왔다.[21]

'청년'에서 출발한 운동은 세대 내 격차와 다양성을 주목하는 방향으로 진화했으며, 계급에 기반한 사회운동이 퇴조하는 시기에 노동과 주거를 '청년'의 문제로 재구성하는 전략은 임금 협상과 주택 공공성 의제 확산에 실질적 효과를 낳기도 했다. 일례로 청년유니온은 2010년 '최저임금은 청년임금이다!'라는 구호를 내걸고 편의점 아르바이트 실태조사를 대대적으로 수행하고, 2015년 이후 최저임금위원회에 노동자 위원 자격으로 참여하기도 했다. 청년 문제가 특정한 인구 집단만의 문제가 아니며, "청년의 문제를 향한 시선은 이들의 문제를 산출했던 이중 노동 시장, 불안정

---

20 조문영(2020), "한국사회 코로나 불평등의 위계", 〈황해문화〉 108, 22~23쪽.

21 2020년 신촌문화정치연구그룹에 속한 젊은 연구자들이 제작한 《청년학교과서 — 청년연구자 되기》를 살펴보기 바란다.

〈그림 5-8〉 2023년 3월 기자회견에서 고용노동부 장관에게 메시지를 전달하는 청년유니온 회원들[22]

노동, 희박한 사회 안전망 등 한국 자본주의가 노정해 왔던 문제를 향할 수밖에 없다"라는 인식이 확대된 것이다.[23]

청년 당사자 운동의 참여자들은 때로 청년 문제를 고용과 출산 위기로 축소하는 데 반대하면서 급진적 행보를 내디뎠다. 청년세대에게 통상적으로 기대되는 규범과 관행을 거부하고, 성소수자 권리, 가족 구성권, 기본소득, 동물권, 장애인 이동권, 비거니즘, 기후 정의 등 대안 의제를 선도했다. 가부장주의·발전주의·권위주의 등 한국 사회의 암묵지에 도전하면서, '청년'을 단순히 생물학적 연령대에 가두기보다 새로운

---

22 〈연합뉴스〉(2023. 3. 24), https://www.seoul.co.kr/news/newsView.php?id=20230324500189.

23 조민서(2020), 〈'청년 문제'를 연구한다는 것〉, 《청년학교과서》, 284쪽.

사회를 상상하고 열어젖히기 위한 매개로 재등장시켰다. '청년 논객'을 환대한 언론과 출판계, 소셜 미디어, (정권의 부침浮沈에 따라 초점이 바뀌지만) 정부·대학·기업·시민단체의 각종 청년 학술·활동 지원 사업 등 청년들이 자신의 곤경과 열망을 일시적으로나마 분출하고 제도화할 수 있는 통로도 많아졌다.

또한, 청년들 사이에서 사회운동은 단순히 사라진 게 아니라, 자율적 개인들이 느슨하고 수평적인 협업을 추구하는 방식으로 진화했다. 일례로 기본소득청'소'년네트워크 소속 청년 회원들은 한국의 대표적 기본소득 운동 조직인 기본소득한국네트워크의 운영에 참여하면서도, 동시에 독자적으로 활동하면서 생활동반자법 추진 운동, 성평등 조직 문화 기획 등 다양한 페미니즘 프로젝트를 수행해 왔다.

물론 '청년 당사자' 역시 부단한 개입이 요구되는 배치로 남아 있다. 어떤 청년이 '청년 당사자'로서 청년 의제를 선취하고 발굴하는 주요 행위자가 되었는지, '청년 당사자'는 어떤 청년의 어떤 곤경을 해결해야 할 문제로 주목했는지 질문하면서 청년 집단 내부의 위계를 세심히 들여다볼 필요가 있다. 교육·문화자본을 갖춘 수도권 청년들이 '청년'을 대표하여 한국 사회 공론장에 당당하게 등장한 것과 대조적으로, 다른 청년들은 '지방 청년', '실업계 청년', '산업 현장의 청년', '플랫폼 노동자 청년', '수급자 청년', '성매매 청년' 등 특수한 이름으로 이따금 발굴되고 호명되는 비대칭적 현실에 대해서도 더 많은 토의와 개입이 필요하다.[24] 거제에서 태어나 부산에서 공부하는 한 청년 연구자는 '중앙'에서 말하기와 글쓰기의 자리를 내어 줄 때마다 느꼈던 고충을 다음과 같이 토로했다.

> '중앙'의 지면은 '지역'의 연구자에게 '지역'의 이야기를 기대한다. 반대로 지역의 연구자는 '연구'에 관한 지면이 언제쯤 올 수도 있지 않을까 기대한다. 서로의 기대는 속절없이 어긋나고 의심은 커져 간다. 그러니 무언가 '기회'가 찾아와도 계속 의심하며 파티에 잘못 초대된 사람처럼 '몸 둘 바'를 모르고 두리번거린다. 그러다 보면 글의 어조도 기대에 부응해 마구 격앙되다가도 그런 자신의 모습을 돌이키며 다시 의기소침해진다. 그저 연구에 대해 담담히 이야기할 수 있으면 좋으련만, 쉽지가 않다. 이런 정동情動이 지방에서 연구자가 겪는 것이다. 누군가는 살면서 한 번도 의심해 보지 않았을 자신의 몸 둘 바에 대해, 계속 묻고 의심하고 아무도 묻지 않은 질문에 해명을 해야만 한다.[25]

---

24 조문영(2022), 《빈곤 과정: 빈곤의 배치와 취약한 삶들의 인류학》, 글항아리, 8장 참조.

25 신현아(2022), "어느 '지방' 연구자의 수기", 〈문화과학〉 112, 147~148쪽.

요컨대 한국 사회 공론장에서 '청년/세대'를 탐색하는 작업은 우리가 모두 다양한 행위자로 연루된 '청년이라는 배치'를 면밀히 살피는 일이다. 각 배치를 통해 등장한 '청년'은 청년 연령대의 모든 사람을 포함하지 않으며, 포함할 수도 없다. 일부 청년들이 우리가 관심을 기울여야 할 '청년'으로 명명될 뿐이다. 어떤 '청년'은 연합의 정도가 강력해서 오랜 기간 동안 '사실'로 통용되지만, 어떤 '청년'은 단명하며 관심의 원에서 금세 사라진다.

이 배치가 현실 그 자체를 구성하는 수행적 힘을 발휘한다면, 우리는 단순한 방관자로 남을 수 없다. '공정에 강박적으로 몰두하는 청년'이 지배적 배치로 등장했다면 그 이유를 파악하고, 동시에 이와는 다른 청년을 바란다면 다른 배치를 상상하고 도모할 수 있어야 한다. "MZ로 호명되는 사람들과 내가 기억하는 시간이 다르다면, 그냥 나는 MZ가 아닌 걸로 하겠다"는 이한솔을, 정의로운 세계에서 함께 살아가기 위해 묵묵히 고투하는 청년들을 한국 사회가 주목할 '청년'으로 적극적으로 등장시켜야 한다. 이 일은 청년 자신에게도, 필자와 독자에게도 끝나지 않은 숙제로 남아 있다.

더 읽을거리

신진욱(2022), 《그런 세대는 없다》, 개마고원

불평등 시대에 세대 담론이 범람하는 현상을 비판적으로 바라본다. 저자는 우리 사회의 불평등을 '기득권 기성세대'와 '희생자 청년세대' 간의 대립으로 인식하는 경향에 반대하면서, 세대 갈등 프레임에 가려진 세대 간 계급 동맹을 직시하자고 제안한다.

김선기(2019), 《청년팔이 사회》, 오월의봄

한국 사회에서 급증한 청년 담론의 실체와 그 효과를 해부한다. 청년 당사자 운동을 조직해 온 저자는 정치와 언론이 청년 담론을 제 이익을 도모하는 데에 활용해 온 현실을 비판하고, 청년세대 당사자들의 목소리를 담아낼 수 있는 대안적 청년 담론을 상상하자고 제안한다.

조문영 외(2021), 《문턱의 청년들》, 책과함께

취업, 결혼, 출산 등 근대가 청년세대에게 기대했던 규범이 흔들리거나 거부되는 현상이 한국 사회에만 국한된 흐름이 아님을 강조한다. 저자들은 한국·중국 청년들의 구체적 삶을 계급, 젠더, 민족, 지역 등 다양한 층위를 교차하며 살피고, 이들이 고투하는 현장의 공통성과 연결성에 주목하자고 제안한다.

저자 소개 (게재순)

목광수

서울시립대 철학과 교수이다. 서울대 철학과를 졸업하고, 동 대학원에서 철학 석사학위를, 미국 미시간주립대에서 철학 박사학위를 받았다. 한국윤리학회와 한국생명윤리학회 부회장으로 활동하고 있다. 주로 정의와 민주주의, 생명의료윤리, 인공지능과 빅데이터 윤리 등 실천윤리학을 주제로 한 연구를 하고 있다. 주요 논문으로 "도덕의 구조", "인공지능 시대의 정보 윤리학", "역량 중심 접근법에 입각한 의료 정의론 연구", "장애(인)와 정의의 철학적 기초" 등이 있다. 저서로 《정의론과 대화하기》(2021), 《루치아노 플로리디, 정보윤리학》(2023)이 있고, 공저로 《인공지능 윤리학》(2019), 《롤즈 정의론의 이론과 현실》(2021), 《처음 읽는 윤리학》(2013) 등이 있다.

신경아

한림대 사회학과 교수이다. 한국여성학회장, 한국사회정책학회장, 여성가족부 장관정책자문위원, 서울시 성별임금격차개선위원장을 역임했고, 비판사회학회 이사, 경찰청 성평등위원장으로 활동하고 있다. 노동 시장과 가족에서 성평등 수준을 높이는 데 필요한 제도와 인식의 변화를 위해 노력해 왔다. 서울대에서 영어교육학 학사학위와 사회학 석사학위를 받았고, 서강대에서 사회학 박사학위를 받았다. 전공 분야는 성(젠더)의 사회학, 가족사회학, 여성노동, 일·생활 균형 등이다. 저서로는 《젠더와 사회》(2014), 《여성과 일》(2015), 《백래시 정치》(2023) 등이 있다.

이병훈

중앙대 사회학과 명예교수이다. 〈소셜로지 컴퍼스*Sociology Compass*〉의 노동·조직·경제 부문 편집자로 활동하고 있다. 한국고용노사관계학회장, 공공상생연대기금재단 이사장, 고용노동행정개혁위원장, 플랫폼 노동 대안 마련을 위한 사회적 대화 포럼위원장 등을 역임했다. 서울대에서 사회학 학사학위를, 미국 코넬대에서 노사관계학 석사·박사학위를 받았다. 전공 분야는 노동사회학, 사회조직론, 노사관계/고용관계론 등이다. 저서로는 《노동자연대》(2018), 《아, 전태일》(공저, 2020), *Trade Unions and Labour Movements in the Asia-Pacific Region*(공편저, 2020) 등이 있다.

설동훈

전북대 사회학과 교수이다. 동 대학 사회발전연구소 소장, 한국사회학회 2023년 회장. 2018년부터 경제협력개발기구OECD '국제이주에 관한 지속보고시스템'SOPEMI: Système d'Observation Permanente des Migrations 한국 대표로 활동하고 있다. 한국이민학회 회장, 한국조사연구학회 회장을 역임했다. 서울대에서 사회학 학사·석사·박사학위를 받았다. 전공 분야는 이민사회학, 다문화사회론, 사회불평등 연구, 사회 정책, 계량분석 등이다. 저서로는 《외국인노동자와 한국사회》(1999), 《노동력의 국제이동》(2000), 《재한 조선족, 1987~2020년》(2020) 등이 있다.

조문영

연세대 문화인류학과 교수이다. 한국과 중국을 오가며 빈곤, 노동, 청년, 사회 통치 등에 관해 연구해 왔다. 서울대에서 언론정보학 학사학위와 인류학 석사학위를 받았고, 미국 스탠퍼드대에서 인류학 박사학위를 받았다. 저서로 《빈곤 과정》(2022), 《'인민'의 유령*The Specter of 'the People'*》(2013)이 있다. 편저서로 《동자동, 당신이 살 권리》(2023), 《문턱의 청년들》(2021), 《민간중국》(2020), 《우리는 가난을 어떻게 외면해 왔는가》(2019), 《헬조선 인 앤 아웃》(2017) 등이 있다. 역서로 《분배정치의 시대》(2017)가 있다.

21세기 한국 지성의 몰락

미네르바 부엉이는 날지 않는다

송호근(한림대 도헌학술원 원장)

21세기 한국, 지성인은 어디로 사라졌는가?
실종된 지식인들을 찾는 탐사기

날카로운 사회분석과 칼럼으로 한국지성을 대표하는 송호근 교수가 세계 지성사의 흐름과 한국 지식인 사회를 성찰하고 지식인이 앞으로 나아갈 길을 모색했다. 사회학자이자 교수로서 누구보다 넓은 시야로 19세기부터 21세기까지 세계 지성사와 문명사의 큰 흐름을 읽어냈다. 21세기 문명 전환기, 한국 지식인들은 왜 사라졌는가?

신국판 | 372면 | 24,000원

문명대변혁의 시대

사회구조 변화와 학문적 조망

김용학·조화순·함지현·주경철·박태균·고재현

4차 문명혁명 시대,
사회구조 변화에 대한 진단과 처방

전현직 대학 총장, 학회장, 연구소장, 대학원장, 학장 등 5명의 학자들이 사회학·정치학·역사학·과학 등 다양한 학문적 관점에서 오늘날 '4차 문명혁명' 시대를 진단하는 종합적인 시야를 제공한다. 산업뿐만 아니라 인간의 의식과 행동 등 삶의 전 분야와 사회구조 전반의 변화를 살펴보고 새로운 문명사회를 헤쳐 나갈 방안을 제시했다.

신국판 변형 | 200면 | 18,000원